检察人员
司法责任制研究

Research on
the Judicial Responsibility System
of Prosecutors

杨海强　著

人民法院出版社

图书在版编目（CIP）数据

检察人员司法责任制研究 / 杨海强著 . -- 北京：
人民法院出版社 , 2020.11
ISBN 978-7-5109-2986-1

Ⅰ.①检…　Ⅱ.①杨…　Ⅲ.①检察机关—法律责任—
责任制—研究—中国 Ⅳ .① D926.3

中国版本图书馆 CIP 数据核字（2020）第 226090 号

检察人员司法责任制研究

杨海强　著

策划编辑	韦钦平
责任编辑	刘晓宁
封面设计	天平文创视觉设计
出版发行	人民法院出版社
地　　址	北京市东城区东交民巷27号（100745）
电　　话	（010）67550572（责任编辑）　67550558（发行部查询） 65223677（读者服务部）
客 服 QQ	2092078039
网　　址	http://www. courtbook. com. cn
E－mail	courtpress@ sohu . com
印　　刷	天津嘉恒印务有限公司
经　　销	新华书店
开　　本	787毫米×1092毫米　1/16
字　　数	200千字
印　　张	11.5
版　　次	2020年11月第1版　2020年11月第1次印刷
书　　号	ISBN 978-7-5109-2986-1
定　　价	36.00元

前　言

　　司法责任制改革是新一轮司法改革的"牛鼻子"，法院和检察院都实施了司法责任制改革。检察人员司法责任制的研究围绕责任制的基础理论、具体制度和实践运行、保障制度展开，检察人员司法责任制研究的基本框架已确定。本文研究的重点集中于检察人员司法责任制具体运行方面。以往这方面的研究涉及的都是检察人员司法责任制具体制度设计中的一般情形，更多强调具体制度设计中的普遍规律性。本文力求多维度、多视角、多方位地深入剖析检察人员司法责任制具体制度设计中的问题，力求全面、立体地对检察人员司法责任制进行研究，在兼顾检察人员司法责任制具体制度设计中普适性问题的同时，更多探讨目前关注较少的特殊性、具体性、细节性问题，从而完善制度设计中的细节性问题。这些研究的维度和视角一共有六个：中外检察人员司法责任制的异同、检察院司法责任制与法院司法责任制的异同、以审判为中心的诉讼制度改革背景下的检察人员司法责任制、监察体制改革背景下的检察人员司法责任制、不同层级检察机关的司法责任制、不同地域检察机关的司法责任制等。另外，在检察人员司法责任制的基础理论部分以及保障制度部分，本文聚焦已有研究中的薄弱环节，希冀对这些薄弱环节进行补强研究。例如，检察院是否需要设置办案组，办案组应采取什么样的设置模式及运作模式；怎样完善检察官的考核评鉴制度；怎样确定监督管理责任的概念及性质；怎样划分检察官惩戒委员会与监察委员会在惩戒检察官程序中的职责权限；等等。

　　因笔者学识有限，加上时间仓促，难免有疏漏之处，敬请读者批评指正。

作者

2020 年 11 月

上 编

绪 论 ·· 003

  一、研究现状 ·· 003

  二、研究方法 ·· 006

  三、研究意义 ·· 007

第一章 检察人员司法责任制概述 ······························· 008

  一、检察人员司法责任制的内涵及特征 ···················· 008

  二、检察人员司法责任制应遵循的基本规律 ············· 011

第二章 检察人员司法责任制改革之主体机制 ············ 019

  一、健全办案组织 ·· 019

  二、明晰检察人员的职责权限 ···································· 023

第三章 检察人员司法责任制改革之监督制约机制 ····· 030

  一、内部监督制约机制 ··· 030

  二、外部监督制约机制 ··· 041

第四章 检察人员司法责任制改革之责任认定与追究机制 ···· 046

  一、监督管理责任 ·· 046

  二、惩戒主体问题 ·· 049

  三、检察官助理的司法责任问题 ································· 057

  四、惩戒事由问题 ·· 061

第五章　检察人员司法责任制改革之履职保障机制 ………………067

一、现有检察人员司法责任制履职保障制度的进步之处 ………067

二、现有检察人员司法责任制履职保障制度存在的问题 ………068

三、检察人员司法责任制履职保障制度的完善 …………………070

下　编

第六章　中外比较视角下的检察人员司法责任制 …………………078

一、中外检察人员司法责任制的相同点 …………………………078

二、我国检察人员司法责任制改革可能遇到的问题及矛盾 ……081

三、中外检察人员司法责任制的不同点 …………………………083

第七章　法院、检察院比较视角下的检察人员司法责任制 ………093

一、法院和检察人员司法责任制的相同点 ………………………093

二、检察规律的特殊性 ……………………………………………098

三、"以审判为中心的诉讼制度改革"中法院和检察院的不同定位 …101

四、法院和检察院司法责任制的不同点 …………………………103

第八章　"以审判为中心的诉讼制度改革"背景下的检察人员
　　　　司法责任制 ………………………………………………116

一、"以审判为中心的诉讼制度改革"的概念解析 ……………116

二、"以审判为中心的诉讼制度改革"对检察官的挑战 ………118

三、检察人员司法责任制改革与"以审判为中心的诉讼
　　制度改革"的关系 …………………………………………119

四、检察人员司法责任制改革对"以审判为中心的诉讼
　　制度改革"的回应 …………………………………………121

第九章　监察体制改革背景下的检察人员司法责任制 ……………127

一、监察监督与检察监督的关系 …………………………………128

二、监察体制改革背景下检察职能的扩张 ………………………131

三、检察人员司法责任制改革对监察体制改革的回应 …………133

第十章　不同层级检察机关的司法责任制改革……………………143

一、省市县三级检察机关的各自特点…………………………143

二、省市县三级检察机关的司法责任制改革…………………148

第十一章　不同地域检察机关的司法责任制改革………………159

一、不同地域检察机关司法资源不均衡的表现………………160

二、不同地域检察机关司法责任制改革的不同………………165

后　记…………………………………………………………………174

上　编

绪 论

一、研究现状

在国外，司法责任制主要作为司法官独立保障制度的反面出现。国外基本不讲司法责任，更多研究司法豁免权。如何从实体和程序方面规制上级指令的研究相对成熟。另外，司法惩戒制度及考评考核制度也对我国目前的司法责任制研究很有启发意义。国内的研究，从研究内容看，检察人员司法责任制的研究围绕责任制的基础理论、具体制度和实践运行、保障制度展开，检察人员司法责任制研究的基本框架已确定。基础理论研究涉及的内容包括司法责任制的概念、特点、意义、改革思路、检察一体与检察独立的协调等。保障制度的研究涵盖司法责任制与员额制、分类管理以及检察人员履职保障的关系，监督制约机制的完善等。这些研究成果都有利于检察人员司法责任制的完善和发展。但在检察人员司法责任制研究的框架基本确定的前提下，应该对检察人员司法责任制中的细节问题进行精细化研究。在基础理论方面，如在办案组织方面，应该结合目前正在进行的监察体制改革思索办案组织的设置。例如，在划分各层级检察人员的职责权限方面，应该考虑影响权力清单的各种因素，明晰检察官助理的职责等。又如，在监督制约方面，在如何协调检察一体和检察官独立的关系问题上，应探讨如何从实体方面规制检察指令。再如，在责任追究方面，应加强对监督管理责任的研究等。

现在有关检察人员司法责任制具体运行的内容虽然相对丰富，但涉及的都是检察人员司法责任制运行中的一般情形，更多强调检察人员司法责任制的普遍规律性，如怎样健全办案组织、如何兼顾授权和限权、如何追究司法责任等，却较少关注检察人员司法责任制具体运行中的特殊性问题。另外，检察人员司法责任制改革在检察院外部及检察院内部面临新的形势，而检察人员司法责任制改革也应对这些新的形势作出新的反应。检察院司法责任制改革在检察院外部面临的新形势是 2016 年重点推动的以审判为中心的诉讼制度改革以及 2017 年新开始的监察体制改革。以审判为中心的诉讼制度改革是 2016 年司法改革的重点。检察人员司法责任制改革应该回应"以审判为中心的诉讼制度改革"提出的各项要求。2017 年开始的监察体制改革是否会影响检察机关的宪法地位及职权配置，检察院司法责任制如何适时调整，这些问题都需要认真思索和考量。检察院司法责任制改革在检察院内部面临的新形势是 2017 年是司法体制改革的决战之年，司法责任制改革基本框架已经形成，但制度设计中的特殊性、具体性、细节性的问题需要进一步研究，如检察院司法责任制在办案组织、内设机构、监督管理责任、责任追究以及员额制、履职保障制度等方面与法院司法责任制到底有何不同等。课题着眼于检察院司法责任制改革中的新形势，探索新形势下检察院司法责任制的应对。

检察人员司法责任制的研究围绕责任制的基础理论、具体制度和实践运行、保障制度展开，检察人员司法责任制研究的基本框架已确定。但检察院的司法责任制改革应如何回应"以审判为中心的诉讼制度改革"提出的各项要求，现有研究较少。监察体制改革下检察院司法责任制如何应对，现有研究更少。而在精细化研究方面，现有研究虽注意到检察院司法责任制与法院存在不同，但更多研究检察一体与检察独立的协调问题，在其他制度设计方面的研究存在欠缺，如在办案组织、内设机构、监督管理责任、责任追究以及员额制、履职保障制度等方面与法院司法责任制到底有何不同。又如，检察官权力清单如何适应不同层级、不同地域的要求，同时又具有时效性，不断适时改变，需要进一步研究。

本课题从中外检察人员司法责任制的异同、检察院司法责任制与法院司法责任制的异同、以审判为中心的诉讼制度改革背景下的检察人员司法责任制、监察体制改革背景下的检察人员司法责任制、不同层级检察机关的司法责任制、不同地域检察机关的司法责任制等几个侧面，多维度、多视角、多方位地深入剖析检察人员司法责任制，力求全面地、立体地对检察人员司法责任制进行研究，在兼顾检察人员司法责任制普适性问题的同时，更多探讨目前关注较少的特殊性问题。

按照这样的设想来看，现有研究可能存在以下不足：（1）从中外检察人员司法责任制的异同方面看，有关比较法的研究多散见于文章中，系统、专门的比较法的研究文章相对较少。而且已有研究多从比较的角度从理论上论证我国实行检察人员司法责任制的必要性和正当性，或者总结国外的经验。但现有研究较少注意到我国检察院在检察权属性、检察业务、宪法框架下的党政结构、司法资源、检察官整体素质能力以及城乡差异、地区差异等方面的特殊性，以及这些特殊性下，我国检察人员司法责任制在办案组织、权力清单、放权与限权、责任追究、员额制以及履职保障等方面与国外的不同。（2）从检察人员司法责任制与法院司法责任制的异同方面看，现有研究注意到检察属性的复杂性以及检察业务的多样性，主张应协调检察一体与检察独立的矛盾，尊重检察业务的多样性的现实，并在完善办案组织以及明晰职责权限方面体现出检察院的这种特殊性，但并未在健全管理监督、严肃责任追究以及完善员额制和加强履职保障中研究这种特殊性的体现。另外，法院和检察院在诉讼中分担不同的诉讼职能，在审判中心背景下，审判职能在整个诉讼中具有决定性作用，这种决定性作用是否会影响到法院和检察人员司法责任制的不同，这种不同在以上各项制度设计中又有怎样具体的表现尚待研究。（3）从以审判为中心的诉讼制度改革背景下的检察人员司法责任制方面来看，"以审判为中心的诉讼制度改革"是2016年司法改革的重点，检察人员司法责任制行之有效的检验标准不是检察机关内部运行的自洽，而是要放到整个诉讼结构中去评价和考量，因此检察人员司法责任制改革应注重与法院司法改革措施的衔接，检察人员司法责任制也要与当下的诉讼制度改革相适应，回应"以审判为中心的诉讼制度改革"提出的各项要求。现有许多文章虽已经开始研究检察机关应如何应对"以审判为中心的诉讼制度改革"，但探索检察人员司法责任制应如何与当下的诉讼制度改革相适应的文章很少。（4）从监察体制改革背景下的检察人员司法责任制方面看，监察委员会改革已经开始试点并在全国推开，检察机关反贪反渎以及预防部门需转隶至监察委员会，检察院的职能不再包含反贪反渎以及职务犯罪预防。那么这项改革对于检察权的属性以及检察业务有何影响、检察人员司法责任制是否应对此作出回应以及如何回应，这些问题急需研究。然而因监察委员会的改革在全国推开不久，这样的研究仍然较少。（5）从不同层级检察机关的司法责任制方面看，现有文章对如何健全不同层级检察院中的办案组织以及如何明晰检察人员的职责权限这样的问题有诸多研究，现有实践部门着力对于不同业务部门和不同层级检察院的权力清单进行梳理，但在其他各项制度设计中如何体现不同层级检察院的特点则着墨不多。（6）从不同地域检察机关的司法责任制方面看，现有研究基于不同区域政治、经济、文化、资源等的差异，认为在确定员额的比例、遴选标准以及履职保障方面，应该重视各地的实际情况区别对待，对于西部地区以及少数民族地区司法队伍建设问题关注颇多。这些都是符合实际，具有针对性和适用性的有益成果。然而，检察人员司法责任制的目标是权责利的统一，同时司法队伍建设是基础，但不同区域司法资源差异较大，"利"有很大不同，而且不同区域司法队伍的素质能力有一定差距，这些都会影响办案责任中的"权"和"责"，也就是放权和追责，当然还有监督制约。但是现有研究对不同区域检察院的办案责任制中的放权、追责以及监督制约有何区别并未深入研究。

二、研究方法

（一）整体观察与综合分析法

该方法从总体上或根本上看待事物，运用普遍联系的观点认识和解决问题。它以事物的全貌作为观察对象，通过简化与相互对比的途径，运用概括、比较的方法获得对象的整体特征并由此确立整体各部分之间的关系。一切存在着的状态都是特定的"关系"，当这种关系的结构发生变化时，其中的因素也相应变化，事物之间是互补共生的关系。本课题也将检察人员司法责任制的全貌作为观察对象，对其全貌、构成的各部分以及事物之间的关系进行由此及彼的观察，由此确立了本课题观察的六个维度，六个维度之间相互以对方为其存在的前提和依据，在六个维度共同建立起来的关系中确立各个维度自身的位置，牵一发动全身，最终从总体上把握本课题。

（二）实证分析法

本课题收集到检察人员司法责任制第一批和第二批试点单位总共 18 个省份的改革试点文件。这些试点文件都是各省按照中央、高检院的统一部署同时立足各地司法实践制定的，并且各地注重以问题为导向，在改革实践中发现问题，总结经验，对试点文件进行丰富和完善。另外，笔者作为重要课题组成员加入到与吉林省检察院以及青岛市中级人民法院合作开展司法责任制改革评估的课题中，已到两地开展实证评估，并且笔者还将到课题组成员所在地的法院、检察院进行司法责任改革成效的实证分析工作，为课题研究提供实证依据。

（三）理论与实践相结合

既往第一批和第二批试点省份的试点经历和共通智慧无疑是研究如何完善检察人员司法责任制的本土经验。总结这些改革经验，并对其系统研究和对比观察，可为其他省份顺利完善检察人员司法责任制改革开辟道路。本课题注意总结试点单位在某些问题上共通的智慧和一般性的做法，揭示这些共识和共鸣背后的一般性规律。同时课题也注意对试点单位的改革进行对照研究，注重分析和对比不同省份、不同试点单位间改革的差异和特殊性，突出特色和创新，结合理论反思，选择最优方案。

（四）比较的方法

域外的理论与实践可以为反思并改进当前的检察人员司法责任制提供可资借鉴的素材。另外，本课题不仅限于中外的比较，课题中的六个视角都是基于比较的方法，通过六个维度的比较，全面、客观地认清检察人员司法责任的特点并完善相应制度设计。

三、研究意义

1. 理论方面：在基础理论部分，本文对现有研究中的较为薄弱的问题进行了补强。比如检察院办案组织是否固定设置，怎样明确检察官助理的职责，监督管理责任相关问题的探讨等。在具体制度设计方面，本文将检察人员司法责任制的全貌作为观察对象，从多个维度整体把握检察人员司法责任制，注重探索检察人员司法责任制具体制度设计以及保障制度中的特殊性问题，深化对检察人员司法责任制的认识。在保障制度方面，本文对现有研究中较少涉及的对检察官考核评鉴制度进行探讨，另外针对目前检察人员司法责任制中履职保障制度落实不到位的问题，本文对如何完善履职保障制度做了思考。

2. 实践方面：本文注重对第一批和第二批试点省份的试点经验进行系统研究，并对一些省份的改革实效进行实证分析，总结和升华有益的经验和做法，为其他省份顺利完善检察人员司法责任制改革开辟道路。另外，由于本文将检察人员司法责任制的全貌作为观察对象，从多个维度整体把握检察人员司法责任，注重探索检察人员司法责任具体制度设计以及保障制度中的特殊性问题，可以增强各地方实际运作中的适应性和实施的有效性。而且还可以为完善检察人员司法责任的总体改革方案提供借鉴，增强总体改革方案的科学性。

第一章　检察人员司法责任制概述

一、检察人员司法责任制的内涵及特征

（一）检察人员司法责任制的内涵

检察机关完善司法责任制，首先需要从概念上、理论上廓清司法责任制的内涵。只有科学认识和把握司法责任的概念，才能形成符合改革目的的制度设计，才能实现司法责任制改革的目的。目前，我国对司法责任的规定只是散见于《宪法》《法官法》《检察官法》等法律法规中，尚无法律较为系统地规范司法责任制度，司法责任遂成为理论与实务界颇有争议的一个概念。追根溯源，在现代汉语中，责任通常有两个含义：一是做分内应做的事，如尽责任；二是没有做好分内的事，因而应当承担的过失，如追究责任。[①] 因此责任一词有两个相互联系的基本语义。一是分内应做之事，如"岗位责任""尽职尽责"等。这种责任实际上是一种角色义务。每个人都在社会中扮演一定角色，即有一定的岗位或者职务，相应地，也就必须且应当承担与其角色相适应的义务。二是因没有做好分内之事（没有履行角色义务）或没有履行助长义务而应承担的不利后果或强制性义务，如"违约责任""侵权责任""赔付责任"等。司法责任有积极和消极两个层面：一是积极层面上，检察官应当正确行使检察权的法律职责；二是消极层面上，检察官在违法行使检察权时应当承担的不利后果。两层含义之间相互联系但又存在区别：一方面，积极意义的检察官责任对于检察官来讲是无条件的，必须履行的；而消极意义的检察官责任的承担则是有条件的，检察官只在背离正确行使检察职责的情况下，才会受到责任的追究。另一方面，积极意义的检察官责任是对于全体检察官的要求，侧重保障检察官正当行使职责。消极意义的检察官责任是少数存在

[①] 《现代汉语词词典》，商务印书馆 2005 年版，第 1702 页。

违法审判情形下检察官所承担的不利后果，侧重惩罚检察官违法使用权力。

因此，应当从职责使命和责任追究两个层面来把握司法责任制的内涵。司法责任制是针对目前检察权运行机制中存在的权责不清、检察官主体地位不突出、无法追责等弊端提出的综合性的改革措施，目的是通过内部重新配置权力，明确职责范围，严格责任划分，调动各类人员特别是一线检察官的办案积极性和主动性，保障司法公平正义的实现。追究检察人员的司法责任，虽是司法责任的题中应有之义，但绝非全部，不然司法责任制就与错案追究无法区分、混为一谈，不能一提及司法责任就只想到追究司法人员的责任。司法责任应当是赋权与担责、正面激励与负面评价的有机统一。

（二）检察人员司法责任制的特征

1. 检察人员司法责任制的定位

司法责任具有特殊性，区别于行政责任、生产责任、经济责任等，是对司法人员认识水平的评价，需要慎重对待。司法责任制是对检察官认识能力、判断能力的判断，是对法律真实的判断，因此检察官应该受到尊重，给予特别待遇。司法追责是司法责任的内容之一，在转型期、过渡期，司法追责是司法责任制的重要内容，具有重要的现实意义，对司法人员可以起到警示、提醒作用。但是司法责任制主要不是为了追责，而是为了规范司法行为，重点解决在具体办案当中的权力主体问题，使得办案活动回归司法属性。此次改革强调尊重司法规律，对于行政机关而言，行政机关要处理大量涉及国计民生的事务，强调效率，实行上命下从的单向结构，过多强调公正很难做到。但是司法要解决过去发生的案件，重构案件事实，属于回溯性认识活动，不能过分强调效率，更应注重公正，这与行政完全不一样。司法工作有赖于司法人员的专业素养、经验和中立性，而司法人员的中立性源自司法人员的内心独立和人格独立。若司法人员不能亲历案件，那么公正便难以实现。因此司法责任制不单是为了追责，甚至追责是附带的，追究司法责任不能苛求。

2. 检察人员司法责任制的特殊性

完善检察人员司法责任制应符合检察职业特点，检察人员司法责任制和法院审判责任制存在区别。法官行使的是审判权，审判权具有独立性、中立性、被动性和终局性的特点，而检察权则具有主动性、服从性、非终局性和相对独立性的特点，此乃受"检察一体化"体制影响所致。因此，司法责任制的确定应当考虑到中国检察体制的特点。

　　检察一体化是指各级检察机关基于上下级领导关系，构成有机统一整体，检察官在上命下从的关系中根据上级检察机关的指示命令执行职务，按照这一原则，检察权的行使必须保持整体的统一，所有检察机关被视为一个命运共同体。① 从国外的情况看，大陆法系国家及苏联实行检察一体化原则，即检察机关在纵向关系上采用"指令—服从"体制。我国检察机关也采用此种体制。应该承认，作为检察权的承载主体，我国检察机关在整体上是具有独立性的，这是《宪法》所规定的。从该法第136条规定看，人民检察院依法独立行使检察权，不受任何行政机关、社会团体与个人的干涉。另外，《宪法》还将检察院与法院并列，与行政机关监察机关处于平等地位，从而形成"一府一委两院"的政体架构。同时还应看到，作为检察权的行使主体，检察人员在执法办案中也有一定的独立性。检察官在检察组织内部也保持了一定的独立性。虽然检察官的独立性不同于法官的独立性，但是随着检察制度的进一步完善，越来越强调检察官个人办案的独立性。② 因此，上述特点也应当成为检察人员司法责任制设计的考虑因素。在国外奉行检察一体化的国家，其检察官在办案时也有一定的独立性。例如，日本检察官在办案过程中被称为"各自独立的官厅"。美国学者琼·雅各比在《美国检察官研究》一书中也指出："人们曾经倾向于认为检察官是警察或法院的助手，而不把它看成一个拥有自由裁量权的独立的官员。然而明显的是，他有他本身的任务和独立的目标。"③ 我国的情况基本上也是如此，检察官具有一定的独立性。当然，检察官的独立性通常是在检察一体化的框架内行使的，受检察一体化原则的限制。

　　检察系统的"放权"与法院系统的"还权"有着重大区别，如果说法院的"还权"旨在使审判权充分独立的话，检察院的"放权"则是让检察权相对独立——因其毕竟受制于检察一体化的体制，这也体现了检察人员司法责任制的一个重要特色，即权力是相对的，责任也是相对的。

---

① 陈光中：《中国司法制度的基础理论问题研究》，经济科学出版社2010年版，第235页。
② 陈光中：《中国司法制度的基础理论问题研究》，经济科学出版社2010年版，第202页。
③ ［美］琼·雅各比：《美国检察官研究》，周叶谦等译，中国检察出版社1990年版，第6页。

二、检察人员司法责任制应遵循的基本规律

（一）检察人员司法责任制应遵循司法规律和检察工作规律

1. 检察人员司法责任制应遵循司法规律

在现行法制和检察体制的背景下推行检察人员司法责任制度改革，必然受制于宪法和法律的规定，因此需要对宪法、人民检察院组织法、检察官法以及三大诉讼法进行全面、深入的梳理和分析，从而使检察人员司法责任制度改革符合有关法律规定。吉林、湖北等省份的检察机关在推行司法责任制改革的过程中做到了对法治原则的贯彻和遵守。在授予检察官部分案件的决定权时，吉林改革也坚持依法授权的原则。如根据法律规定，三大诉讼法规定的只能由检察长批准或者检委会讨论决定的权力未授予办案检察官行使，对于行使不同职权的办案检察官坚持区别授权等。因此，吉林检察机关比较好地协调了上命下从的检察一体化与检察官独立的关系，重大改革都于法有据，切实尊重了宪法、人民检察院组织法、检察官法以及三大诉讼法等基本法律的规定。

从司法公正价值来看，检察权的属性比较复杂，我国检察机关实行"检察一体化"，上级检察机关领导下级检察机关，检察长领导所在检察院的领导体制，因此行政属性鲜明。同时检察权也具有司法权的属性，即判断性和独立性，如批捕权和公诉权在查明案件事实和适用法律方面和审判权具有同样的司法属性。因此应赋予检察官一定程度的独立性，允许其自主判断和处理办案工作，这符合检察权司法属性的要求。吉林、湖北、上海等省份的司法责任制改革授权给办案检察官部分案件的决定权，尊重办案检察官的办案主体地位，增加检察办案的亲历性和判断性，减少审批层级，将办案与管理分开，改变了以往三级审批的办案模式和检察权运行机制，符合检察办案的司法本质。

从司法效率价值看，司法责任制改革前，检察机关案多人少的矛盾突出，部门林立，"官多兵少"现象比较普遍，办案人员压力很大；三级审批制的运作模式、严密的科层制使案件办理效率偏低。而司法责任制改革则最大限度地压缩了行政管理岗位人员编制，使得办案人员全力向司法一线倾斜。这样不仅办案人员数量增多，而且由于业务部门取消了二级机构，很多人员可以从行政事务性工作中解脱出来，专心办案，案多人少矛盾得到有效化解。另外，

办案检察官在授权范围内享有办案决定权，三级审批制被打破，也极大地提高了办案效率。

2. 检察人员司法责任制应遵循检察工作规律

司法责任制是检察权运行机制的核心内容，只有适应职能需要、符合工作规律，才能科学合理。检察权具有复杂性，兼具行政性、司法性和监督属性，而检察权的具体职能又具有多样性，审查逮捕、诉讼以及监督职能各不相同，各自的特点和运行规律并不一致。因此，检察院的司法责任制既要符合司法亲历性的特征又要体现检察权运行的特殊规律，落实检察一体与检察机关的领导体制，保证上级检察院与检察长对司法办案工作的领导。因此，在落实检察院的司法责任制的过程中，如何处理好检察一体化与检察官相对独立之间的关系，是进行制度设计时必须认真考虑的问题。

检察一体化原则是检察权运行的一项基本原则，主要是指各级检察院、检察官在履行职权、职务过程中根据上级检察院、检察官的指示和命令进行工作和活动。[①] 上级检察官的指令权主要包含三项内容：一是指挥监督权。上级检察官有权作出指令要求下级检察官采取一定诉讼行为。二是职务承继权。上级检察官有权将下级检察官正在办理的公诉案件接收过来自己办理。三是职务移转权。上级检察官终止下级检察官对公诉案件的办理权，然后将案件移交给其管辖范围内的其他检察官办理。检察 体化原则的特征在我国检察机关表现得尤为突出，检察一体化原则在检察实践中发挥着促进法律监督职能的充分履行、加强对检察权的监督制约等重要作用。但不可否认的是，检察一体化原则与检察官个体独立客观上存在冲突。健全司法责任制，突出检察官主体地位，实行检察官权责利的统一，必须正确处理检察一体原则与检察官相对独立之间的关系。在遵循检察一体化原则的基础上有必要对行使检察指令权进行规制。对检察指令的规制分为实体和程序两方面，目前对检察指令的规制主要集中在程序方面，即主要规定检察指令应该采取书面形式，但在实体规制方面则研究较弱。上级指令行使应遵循以下原则：

第一，法定主义原则。法定主义被认为是适用检察指令权的第一大界限，在德国以及我国台湾地区对此已经形成共识。在德国，尽管对检察官地位的争议绵延已久，但争议各方无不将法定主义作为检察指令权的界限。而在我

---

① 陈国庆：《检察制度原理》，法律出版社 2009 年版，第 113 页。

国台湾地区，也将法定主义作为检察指令权的界限。① 法定主义意为满足特定条件下"应"为起诉或者"应"为不起诉。法定主义作为规制检察指令权的首要防线，其基本要求是，禁止法定主义之下检察上级就案件的处理为任何指示。起诉或者不起诉、上诉或不上诉等。这些事项应当由承办检察官依法自主决定。之所以将法定主义作为规制检察指令权的第一道防线，其主要理由在于法定主义有助于避免行政对检察权进行不当干预，将检察官当作干预刑事司法的枢纽。我国在法律上也实行法定主义。法定主义也是我国检察指令权的界限。一方面，法律禁止检察官滥权或者玩忽职守违反法律规定行事，否则可能承担相应的法律责任。另一方面，检察上级也应受法定主义的拘束。检察上级不能够违背法定主义发布起诉或者不起诉的指令，而应当由承办检察官自主决定。

第二，客观义务原则。检察官客观义务是检察指令权的又一界限。通常认为检察官客观义务是指"检察官为了发现真实情况，不应站在当事人的立场上，而应站在客观的立场上进行活动"。② 检察官客观义务强调了检察官司法性的一面，不应单纯地追诉犯罪，还应当注重保障被追诉人的权益。检察官客观义务不仅得到了大陆法系国家或地区的认同，英美法系国家也认同检察官客观义务。③ 检察官客观义务要求检察上级不得发布有违检察官客观公正执行职务要求的指令。将检察官客观义务作为检察指令权的界限，是维护检察官司法官属性的必然要求。检察官客观义务是检察官司法官属性的基石，也是检察官之所以被称为"法律守护人""世界上最客观公正的官署"的重要原因。因此，将检察官客观义务作为检察指令权的界限，有助于避免检察上级滥用指令权，侵蚀检察官的客观公正形象。

第三，必要性原则。检察一体的作用主要体现在以下三个方面：一是维护国家法制统一，促进公正司法；二是有效打击犯罪，统一追诉标准；三是保障检察机关依法独立行使检察权，防止检察权的滥用。④ 因此，发布检察指令的必要性，也要从上述三个方面探求。即当需要维护国家法制统一时；为了促使检察机关形成办案的合力，充分利用检察资源有效打击犯罪时；为了

---

① 林山田：《刑事程序论》，我国台湾地区五南图书出版公司 2000 年版，第 149~150 页。

② ［日］松本一郎：《检察官的客观义务》，郭布、罗润麒译，载《法学译丛》1980 年第 2 期。

③ 程雷：《检察官的客观义务比较研究》，载《国家检察官学院学报》2005 年第 4 期。

④ 朱孝清、张智辉：《检察学》，中国检察出版社 2010 年版，第 459~460 页。

防止检察官误断或者滥权，保证检察官依法独立行使职权时才需要发布检察指令，从而实现检察一体的作用。前者是指便宜主义下需要统一裁量基准的，即便宜主义下允许检察指令存在的目的在于统一检察官的行为标准，确保检察行为的一致性。否则，如果便宜主义下允许检察官各行其是，则会导致检察官行为的混乱以及检察官的滥权，势必危及法律的安定性与平等性。因此，世界各国、各地区都允许上级在便宜主义下发布一般检察指令，以统一便宜主义之下不同法律效果的选择。中间是指需要提高检察效能，有效打击犯罪的。即由检察上级以检察指令的形式就检察工作的时机、策略等作出指示，有助于提升检察官应对检察工作的能力和水平，也有助于更好地实现打击犯罪与保障人权的目的。当然这时发布指令应该满足存在承办检察官经验不足、办案不力这一前提性条件。后者是指检察官误断或者滥权的，如若检察下级有"误断"或者"滥权"，此时若不赋予上级以检察指令权，则对此可能无以监督制约。特别是在不起诉情形下，若案件无被害人，法院无审查机会，救济更为困难。因此，有必要赋予检察上级匡正下级错误处分的权能。只有当由该级检察院或该检察官行使职能不利于或难以依法客观公正办案时，上级始得行使指令权。比如，有证据证明由该检察院或检察官办理难以排除干扰或难以秉持客观公正；由该检察院或检察官办理不利于在较大范围内调集人力、物力，从而影响对案件的依法查证、处理时，才可以行使指令权。也即指令权规范自由裁量、统一司法标准和确保案件质量上，最终应以是否有利于依法客观公正办理案件为标准作出规定。

第四，检察指令的范围。为了有效规制上级检察指令，防止上级检察指令侵犯检察官依法独立公正行使检察权，各国普遍性的做法都是使检察官成为独立的办案主体，赋予检察官独立的办案职权，借此对抗上级的检察指令。为此我国也应进一步通过司法责任制改革，不断完善检察官权力清单，使得检察官权力清单科学、合理、明确、规范。特别是目前我国正在进行司法体制综合配套改革，检察官权力清单并不完善的当下，检察官权力清单的制定工作更为重要。另外就是不断明晰上级检察指令的范围。一般来说，上级发布检察指令的范围一般限于重大疑难复杂案件，只是何为重大疑难复杂案件需要根据不同层级检察机关、不同地域案件多寡等情况综合认定。

（二）检察人员司法责任制应加强与其他改革举措的统筹协调

1. 司法体制改革保障检察人员司法责任制的落实

中央部署的四项改革任务都是司法体制改革中基础性的措施。检察人员司法责任制的建构和完善有赖于其他改革措施的支撑和保障，需要与其他改革任务统筹协调、衔接配套。员额制和人员分类管理改革是司法责任制的前提。司法责任的构建需要健全办案组织，对检察资源进行优化配置，该工作以员额制和人员分类管理改革为基础。司法责任制强调放权和归责，但若无一支高素质、精英化的司法队伍，权力运行机制的实施便无载体承担和落实，责任追究也无法落到实处。员额制改革和司法人员分离管理改革有利于实现检察官的精英化，这对于检察人员司法责任制的建构和完善，甚至对整个司法体制改革都具有破题之义。司法改革的目标是实现权责利的统一，建立人财物统一管理制度，有利于保障检察权独立行使以及健全司法人员的职业保障，在责任和风险升高的同时增加检察岗位的吸引力。因此司法体制改革为检察人员司法责任制改革提供保障。另外，检察人员司法责任制应适合中国国情，尤其是适合当下司法体制改革的现状和司法体制改革的限度。因此必须结合司法体制改革来谈检察人员司法责任制的构建。

2. 检察人员司法责任制改革促进、巩固司法体制改革

司法责任制改革是新一轮司法改革的"牛鼻子"，这是因为：第一，司法责任制是司法权运行机制的核心，司法责任制的实现有赖于中央部署的其他三项改革的支持和配合。在中央部署的这四项基础性改革中，司法责任制改革处于承前启后的地位：前承员额制和司法人员分类管理改革，后启省以下人财物统管改革。而这些改革都是新一轮司法改革中处于基础性地位的改革。第二，人财物的改革不是司法改革的最终目的，而是达至目的的手段，中央部署的四项改革中的其他三项改革都是为了从内部和外部保障司法责任制的落实，其他三项改革措施最终落脚到司法责任制上，通过检察权有效运行来检验。因此，检察机关深化司法体制改革需牵住司法责任制改革这一"牛鼻子"，从而起到高屋建瓴、提纲挈领的作用。

司法责任制改革对司法改革的促进和巩固作用表现在：第一，通过司法权运行机制改革，落实"谁办案、谁定案、谁负责"这个关键问题，而司法改革最主要解决的便是司法职权配置问题。第二，通过落实司法责任制，规范检察官的司法行为，造就一支具备司法素养、办案能力和职业操守的职业

化、正规化队伍，将公平正义在具体的司法案件中体现出来，提高司法公信力。第三，司法权运行机制的优化和司法公信力的提升使得检察人员职业保障制度具备了合法性和必要性，有利于推动人财物的改革，最终促进整个司法体制改革。

因为司法责任制改革是新一轮司法改革的"牛鼻子"，对司法改革有重要的促进和巩固作用，因此检察人员司法责任制改革需围绕司法改革的目标进行设计，因此也必须结合司法体制改革来谈司法责任制的构建。

由此可见，司法改革系由诸多改革子项目组成的系统工程，司法改革能否成功最终取决于改革子项目能否落地生根；与此同时，诸多改革子项目又是相互关联的，某子项目能否取得成效往往取决于与之相关联的其他子项目能否适时跟进。

从司法责任制改革试点省份的实践探索来看，各个试点省份也非常注意司法责任制与其他改革举措的统筹协调、整体推进。比如，吉林检察人员司法责任制改革是集检察官员额制、办案责任制、内设机构大部制和监督制约体系为主要内容的"四位一体"综合配套改革。其中员额制、司法人员分类管理以及内设机构大部制和监督制约体系改革都是检察人员司法责任制改革的基础性、配套性的措施，因此在改革中应推进这四项改革的统筹协调，不能割裂四者之间的关系。员额制和司法人员分类管理是司法责任制的前提，通过推行这两项改革，可以选任部分优秀的法官或者检察官作为办案主体，赋予他们办案主体地位和相应的办案权限，实现司法办案的精英化，这是组建新的办案组织的基础，也是实现司法权规范有序运行的人力保障。职业保障建设为司法办案人员提供了人财物的保障以及职业保障，可以提高司法办案人员的工资薪酬和发展前景，最终实现司法办案人员责权利的统一，而不是单纯地增加司法办案人员的压力并且追究相关责任。内设机构改革是检察官依法独立行使职权必不可少的保障。因为若想依法独立行使职权就必须突出检察官的主体地位，就必须改变以往三级审批制的运作模式，为此需要取消二级机构的审批功能，进行内设机构的大部制改革，若无内设机构改革，检察官制度改革很可能落空。监督制约机制也是须臾不可离的，因为实行检察人员司法责任制后，原先的办案组织和审批模式发生变化，为了在放权给检察官的同时保证案件质量，就必须加强对检察官办案的监督制约，以实现司法公正和司法效率。因此，检察人员司法责任制的改革应立足检察工作实际，在省级统管的大框架下，从制约检察工作发展的问题入手，突破局部孤立推进的改革模式，将内设机构整合、检察人员分类管理、检察人员司法责任制和监督制约机制四项改革统筹谋划、同步推进，实现全面深化司法体制改革的目标。此次司法体制改革并不是过去修修补补的改革或者简单的机制变革，而是司法体制改革，改革力度空前，触及矛盾面广，涉及人员多。吉林检察改革不是司法责任制的单一改革，而是包括检察官员额制、办案责任制、内设机构大部制和监督制约体系为主要内容的"四位一体"综合配套改革。因此，检察改革涉及面之广、涉及人员之多也是超乎寻常的。"四位一体"的改革涉及各方利益，各方因自身利益而对改革持各种不同态度，因此如何在"四位一体"的改革中照顾各方诉求、平衡不同主体的利益、尽量满足各类人员的切实需要，就成为改革成败的关键。

司法责任制改革是一个多条线交织、搭建而成的庞杂命题，既要改变原有的集体负责、无法追责的窘境，确保责任落实到人；又要建设人员管理、流程监控、监督制约、责任认定等机制，确保各项责任追究有法可依。为此，在改革过程中应坚持"划组、放权、监督、问责"四位一体工作模式，有效推进司法责任制的深入落实。最高人民检察院在《关于完善人民检察院司法责任制的若干意见》（以下简称《若干意见》）中，明确了完善人民检察人员司法责任制的目标：健全司法办案组织，科学界定内部司法办案权限，完善司法办案责任体系，构建公正高效的检察权运行机制和公平合理的司法责任认定、追究机制，做到"谁办案谁负责、谁决定谁负责"。这说明，中央对司法责任制体系也是纳入检察权运行机制的总体、纳入完善中国特色社会主义检察制度的层面统筹研究、认识和构建的。

"四位一体"工作模式中的"划组"是指健全办案组织和运行机制。司法责任制是合理赋予检察官办案权限并承担相应的责任，真正做到"谁办案谁负责、谁决定谁负责"。办案组织形式是检察权运行的载体和细胞，是司法责任制实施的基础。"四位一体"工作模式中的"放权"是指划分检察人员的职责权限，制定检察人员的权力清单，这是司法责任制的核心。司法责任制的改革目标是实现权责一致，而实现权责一致最主要的途径就是放权给检察官，让检察官成为办案主体。检察机关在制定权力清单时应坚持宪法和组织法所确立的上级领导下级、检察长领导检察工作的基本原则，同时又要考虑不同层级检察机关、不同地域检察机关、不同业务类别的性质和特点等，从而科学合理地制定检察官权力清单。"四位一体"工作模式中的"监督"是指健全检察管理和监督，即在突出检察官办案主体地位的同时加强监督制约，实现"授权"和"限权"的结合。健全检察管理和监督是实现检察权高效、科学运行的有力保障。"四位一体"工作模式中的"问责"是指认定和追究司法责任，司法责任制改革的目标是实现权责一致，实现权责一致的另一重要途径就是认定和追究司法责任，让办案检察官不仅成为办案主体，还成为责任主体。落实司法责任制需要，把责任落实到具体的办案检察官，避免过去"责任分散、主体不明、责任难追"局面的出现。认定和追究司法责任是落实司法责任制的关键。因此，司法责任制的基本要素包括健全办案组织、划分检察人员办案权限、健全检察管理和监督、认定和追究司法责任四个方面，这四个方面密不可分。本书接下来的几章都是围绕司法责任制"划组、放权、监督、问责"四位一体工作模式展开，依次为检察人员司法责任制改革之主体机制、检察人员司法责任制改革之监督制约机制和检察人员司法责任制改革之司法责任认定和追究机制。其中检察人员司法责任制改革之主体机制包括"划组"和"放权"两方面的内容。

第二章　检察人员司法责任制改革之主体机制

一、健全办案组织

在原先三级审批制的运行方式下，检察官只是作为案件的承办人，并无办案决定权，也没有办案组织的相关规定。在三级审批制的模式下，检察办案组织并不明确，权责并不明晰。为此，在《若干意见》中对检察办案组织进行了明确规定："根据履行职能需要、案件类型及复杂难易程度，实行独任检察官或检察官办案组的办案组织形式。"因此，检察办案组织有独任检察官和办案组两种模式。而办案组并非固定设置的，可以临时形成。采取独任检察官还是办案组的形式，需要根据案件的具体情况来确定，不可一概而论。办案组织是落实检察人员司法责任制的基础和前提，只有明确了基本的办案组织，才能真正落实司法责任制。

办案组是检察办案组织的可能选择之一，然而目前现行法律并未对检察院的办案组织进行具体规定，这点和法院存在区别。那么检察院的办案组织是否需要办案组，办案组是否需要固定设置，办案组应采取怎样的运作模式呢？特别是目前正在进行监察体制改革试点，以后检察院的反贪、反渎、预防等职能需从检察院剥离，而职务犯罪侦查具有鲜明的行政权属性而且职务犯罪侦查难度大，一般需要上命下从、统一协调办案力量的办案组完成侦察任务。检察院不再具有职务犯罪侦查职权，这对检察院的办案组织有何影响呢？检察院的办案责任体系和检察管理体系如何适度分离呢？

（一）检察院的办案组织

从世界范围内来看，各国检察机关在办案过程中所采取的办案组织模式不外乎独任和多人组合两种方式，即独任制与团队制。前者是指检察官一人独立地办理案件，行使案件的办理权和决定权。当然，独任制也不是说只有检察官一人办理所有的事务，检察官只行使分内职责，另配备其他的检察官助理或者行政人员辅助检察官办理案件。后者是指由数名检察官组成办案团队共同承办案件。一般来说，独任制是各国检察机关所采取的基础的办案组织形式，检察官具有诉讼上的独立主体地位，集权力与责任于一体，多数检察业务都是通过独任制的办案组织来完成的。① 因为此次司法责任制改革的目的就是突出检察官的办案主体地位，实现由检察长负责制向检察官负责制的过渡。独任检察官拥有办案决定权，按照权力清单授予的权力范围行使权力并根据权责一致的原则承担相应的责任，实现权责统一。在国外一般都没有特别突出办案组织的概念，因为在国外检察官就是独立的官署，具有办案主体地位。在原先三级审批制的运行方式下，检察官只是作为案件的承办人，并无办案决定权，也没有办案组织的相关规定。在三级审批制的模式下，检察办案组织并不明确，权责并不明晰。所以独任检察官应该首先是一种办案组织，而且应该是一种最主要的办案组织。因为检察权具有司法权属性，而司法权的主要特征便是判断，判断具有极强的主观属性，是检察官根据相关事实、证据、法律等因素综合作出的，这个过程具有主观性，也是在独立状态下进行的。

当然，独任制并不是唯一的办案组织形式，办案组也起到相应作用。在检察机关职务犯罪侦查权转隶之前，办案组在职务犯罪侦查中扮演了重要角色。我国检察机关的侦查权行使方式与国外不同，不是指挥警察进行侦查活动，而是像警察那样亲自实施侦查活动，职务犯罪侦查权作为一种行政性的权力，具有主动性、效率性、强制性和秘密性的特点。② 职务犯罪侦查难度大，取证困难，对侦查能力、侦查组织和侦查纪律有着很高的要求，只能采取上令下从、统一调配力量的团队制办案组织完成侦查任务。③ 职务犯罪侦查权的特殊性是办案组存在的重要依据和理由。然而在监察体制改革之后，办案组还有其存在的必要吗？办案组织的必要性和合理性不是来自其司法属性，办案组织作为司法组织形式，其存在的基础来自两方面：一是办理重大

---

① 陈鹏飞：《当前检察体制改革的关键：办案组织及责任制》，载《广东行政学院学报》2016年第6期。

② 汪建成、王一鸣：《检察职能与检察机关内设机构改革》，载《国家检察官学院学报》2015年第1期。

③ 戴萍、陈鹏飞：《以审判为中心的诉讼制度改革对检察机关的影响及应对》，载《广东行政学院学报》2015年第4期。

复杂案件，检察官需要辅助人员；二是办案活动需要监督制约。① 因此，虽然检察院不再行使职务犯罪侦查权，但在公诉业务及诉讼监督业务中，很多案件比较复杂多变，办案组也有其存在的价值和意义。但因公诉、批捕等检察业务的司法属性较强，体现着司法权的独立性与判断性，需要承办检察官独立思考与判断，采取独任制是合理的，这也是世界各国通行做法。而且毕竟疑难复杂的案件相对较少，所以检察官办案组织，首先讲的是检察人员司法责任制，就是承办检察官负责制；其次才是办案组的办案形式。

（二）检察院办案组的设置模式

监察体制改革后，办案组还有其存在的合理性和必要性，但办案组是否应固定设置呢？职务犯罪侦查权转隶之前，基于侦查权的行政权属性以及侦查的复杂性，对于职务犯罪侦查业务应设置固定的办案组，以加强办案组织成员之间的协调、配合，提高办案能力和工作效率。但监察体制改革之后，则不宜设置固定的办案组。

首先，之前设置检察官办案组，一个重要原因是还未实行员额制，检察官的素质参差不齐，不宜实行普遍的独任制，所以通过检察官制度将一部分检察官遴选出来，在权责一致原则的基础上实行司法责任制改革。主诉检察官改革也是这样的思路。在这一点上检察官改革和主诉检察官改革具有内在的逻辑一致性。然而后来我国普遍实行了员额制改革，而且员额制改革和司法责任制改革是司法改革中最有成效的，员额制改革着眼于检察官队伍建设，目标是检察官的专业化和精英化。因此，员额制才是解决检察队伍建设的有效对策和根本出路。员额制有其存在的特殊原因和条件，在普遍实行员额制后，检察官办案存在的必要性和有用性大为降低。

其次，办案组若采取固定的设置方式，是在过去部门没有撤销的情况下，又多了一个层级。那么有可能会带来检察官层级化更严重的问题。此次检察改革的方向应该是通过适当地去组织化、去行政化，逐步加强检察官的独立性和主体性地位。所有行政化的、固定化的办案组织都可能削弱检察官的独立性和主体性。特别是在普遍实行员额制的背景下，更无设置固定办案组的必要。否则可能与本次检察改革去行政化、办案组织扁平化的目标背道而驰，

---

① 龙宗智、陈卫东、谢鹏程等：《抓住改革的"牛鼻子"——检察院司法责任制改革的理论与实践》，载《中国法律评论》2016年第4期。

最终无法突出检察官的办案主体地位。从西方等国家来看，检察官是独立的官署，一般也不太强调办案组织的概念。未来在我国，办案组这种办案组织也会逐渐淡化，独任制应该是办案组织的常态。除了可能加剧行政化和层级化之外，若固定地设置办案组织，还有可能出现办案组与业务部门之间的矛盾，这种双轨制的中层机构不符合检察规律和时间需要。①

最后，上文已述，虽然在职务犯罪侦查权剥离出检察院后，办案组还有其存在的意义和价值，但办案组存在的范围仅限于疑难复杂的案件，办案组的存在不具有普遍性，独任制是办案组织的基本形态。毕竟疑难复杂的案件相对较少，因此需要办案组承办的机会和概率较小，在这样的司法实践状态中就没有必要设置固定的专门的办案组了，可以采取临时组建办案组的方式，同样可以达到协同办案的目的和效果。

（三）检察院办案组的运作模式

职务犯罪侦查权转隶至监察委员会之前，办案组亦采取固定设置的方式，而且因侦查权具有鲜明的行政权的属性，加之职务犯罪侦查的难度系数很高，在办案组内适宜采取上命下从的办案模式，检察官具有办案决定权，其他检察官处于从属、协助的地位，更多体现检察一体化的要求。然而在职务犯罪侦查权转隶之后，在办案组一般采取临时组建的情况下，办案组应采取什么样的办案模式呢？检察官是否具有办案决定权呢？本文认为，在公诉等业务中临时组建的办案组中，检察官和其他检察官之间是协作办案的关系，只是在这个案件的处理上，其他检察官让渡自己对该案的决策权，暂时性成为负责检察官的协作者和帮手。检察官的作用主要是组织和协调，负责检察官具有办案决定权。组内检察官可以作为独任检察官承办案件，在检察官权力清单确定的职权范围内对办案事项独立作出决定。检察官对组内检察官作为独任检察官承办的案件不行使办案事项决定权，也不行使审核权，办案组内检察官作为独任检察官履行办案职能时，和检察官办案组的检察官在案件办理方面完全没有关系，是相互独立的。即便认为负责检察官和检察官都有办案决定权，那么当二者的意见不一致时，检察官也不是其他检察官的上级，若意见不一致，可以交由检察长或者检委会决定。所以，在职务犯罪侦查权转隶之前，办案组可以是权力集中型的办案组，检察官享有办案决定权，检察

---

① 龙宗智：《检察官办案责任制相关问题研究》，载《中国法学》2015 年第 1 期。

官和其他检察官是上下级关系，另外，办案组也可以是协作型的办案组，检察官和其他检察官是平等协作的关系。但转隶后，办案组应该都是协作型的办案组。

综上所述，落实司法责任制，应该突出检察官的办案主体地位，原先检察机关科层制的办案组织应该是改革的对象而不是改革的目标。在普遍实行员额制打造一支专业化、精英化的检察官队伍的基础上，检察官办案组已不具备普遍设置的需要。特别是考虑到职务犯罪侦查职能转隶到监察委员会的现实，目前检察机关的办案组织应以独任制为主，检察官办案组为必要的补充，而且检察官办案组应采取临时设置的方式，不应作为固定的办案组织存在。最后，目前检察院办案组内的检察官和其他检察官在案件办理方面相互独立。

二、明晰检察人员的职责权限

《若干意见》明晰了检察长、检察官等不同层级检察人员的职权权限，厘清了各自的职权范围，这是《若干意见》的进步和可取之处。具体来说，《若干意见》的进步之处在于：首先，明确了检察官的亲历性职责。《若干意见》规定：检察官必须在司法一线办案，并对办案质量终身负责。为了落实这一改革要求，《若干意见》进一步明确：检察官还应当亲自承担询问关键证人、组织现场勘验主持公开审查、出席法庭等办案事项。这一规定符合司法活动的亲历性要求，能够更好地保证司法办案质量，也体现了检察官的办案主体地位。其次，明确了业务部门负责人的职责。《若干意见》指出，业务部门负责人除作为检察官承办案件外，还要履行组织研究涉及本部门业务的法律政策问题、召集检察官联席会议、对下级人民检察院办案工作进行指导、负责本部门司法行政管理工作等职责。这样既发挥了部门负责人作为资深检察官的经验优势，又保障了检察官依据授权范围开展工作的独立性。最后，明确了检察官助理的职责。检察官助理是新一轮司法改革新增的检察人员层级，其职责权限如何把握，其与检察官职权的区别与联系何在，需要考虑和研究。根据《若干意见》，检察官助理履行的是司法办案职责，有权介入对案件实质性内容的处理。与书记员主要从事事务性工作相比，检察官助理的工作更侧重于司法性、业务性。但与检察官相比，检察官助理对处理事项没有决定权，必须在检察官领导下开展工作。可以说，检察官不仅是办案的人，还是定案的人，而检察官助理只是协助办案的人。从各个省份的检察人员司法责任制改革实践来看，第一批和第二批司法责任制改革试点的省份都在最高人民检察院《若干意见》的基础上结合各个省份的实际情况制定了检察人员权力清单。其中有的省份的权力清单只列举了员额内检察官的权力内容，有的省份的权力清单则涵盖了检察长、检委会委员、员额内检察院以及检察官助理，因此被称为全主体权力清单。其中，吉林检察改革的设计者们依照三大诉讼法和最高人民检察院诉讼规则，科学设定了全主体责权清单，把检察机关的责权梳理为决定权、审核权、建议权和监督权四项权能，分级分类下放给各类办案主体。一是决定权。即检察委员会、检察长、主任检察官、独任检察官对管辖内案件享有在事实认定、证据采信、法律适用及案件处理上的决定权。例如，检察委员会可以讨论决定由各部门提交的重大案件和其他重大事项。检察长可以对直接办理的案件作出最终决定。主任检察官根据检察长的授权，可以对直接办理的案件作出最终决定。独任检察官可以根据检察长或分管检察长授权，对直接办理的案件作出最终决定。二是审核权。即案件承办主体对于下一级案件主体呈报的、需要报送自己的上一级办案主体决定的事项，具有审核把关的权力。例如，分管副检察长对于案件中的程序性事项及主任检察官办案组拟提交检察委员会讨论决定的案件具有审核把关的权力。主任检察官对于承办检察官直接办理的案件所作出的事实认定、证据采信、程序性决定或处理意见具有审核把关的权力，等等。三是建议权。即案件承办主体对于直接承办的案件及其他重要事项，需要提出具体意见和建议的，享有及时向上一级办案主体提出意见建议的权力。例如，主任检察官对于提交检察委员会讨论决定的案件可以提出法律政策适用方面的建议，对于提交检察长决定的案件可以提出具体的承办意见。承办检察官对于直接承办的案件，可以在进行全面审查后向主任检察官提出自己的处理意见，对于案件中发现的问题，可以提出相应的调查建议。四是监督权。即案件承办主体可以对执法办案中发现的侦查、审判及其他诉讼环节违法行为依法进行监督的权力。例如，检察长对于侦查、审判及其他诉讼环节活动中的一些重大违法行为可以作出监督决定。主任检察官可以对一般侦查、审判及其他诉讼环节活动中的违法行为作出监督决定。

　　但取得相应成绩的同时，目前还有若干问题需要再深入研究。例如，制定权力清单时应考虑承办案件的重大、复杂、疑难程度，需要考虑到检察官的素质等因素，还应具有时效性，权力清单应不断修订完善。又如，检察官办案主体地位落实的不够彻底，检察官具有办案决定权，但无权签发法律文书。再如，检察官助理的职责需进一步明确等。

（一）制定权力清单应考虑的因素

《若干意见》和各省级检察机关在制定权力清单时，遵循了检察一体和检察官相对独立的原则。检察一体化原则是我国宪法和法律确定的检察权运行的基本原则，坚持检察一体化原则，应确立和尊重上级检察机关对下级检察机关、检察长对本级检察机关工作的领导权。但因检察官具有相对独立性，在给检察官配置办案职权时，应当坚持维护检察官相对独立性原则，将一些具有司法特性的办案职权配置给检察官。另外，在制定权力清单的过程中，检察院的业务多样性也受到重视，权力清单的制作也根据检察业务的不同，按照不同业务类别的运行方式来划分检察院内部司法办案权限。这些都是制定权力清单时必须要考虑的因素，由此而制定的权力清单既符合司法规律又符合检察特点，既做实检察官的权力，又构建公平合理的司法责任认定、追究机制，最终实现"谁办案谁负责、谁决定谁负责"的基本要求。但制定权力清单时还应明确以下三个问题：第一，重大疑难复杂案件是划定独任检察官与检察长、检委会办案权限的重要标准之一。然而何为重大疑难复杂案件呢？有的以案件类别来认定，比如有的学者主张以可能判处的刑罚来认定。[1]也有的学者主张综合考虑犯罪数额、案件类型涉案人员情况、涉外因素、社会影响等多种因素设置配置标准。[2] 还有的学者主张对案件进行风险等级评估，根据风险等级决定案件应当由哪个层级的办案组织来决定。[3] 刑法中认定重大疑难复杂案件时，一般会考虑案件的类型，如是否属于罪质严重的犯罪，是否属于引起重大社会影响的案件等。另外会考虑刑罚的轻重。本文认为，除考虑这些因素外，还不应忘记检察院层级以及地区差异的影响。因为不同级别的检察院具有不同的管辖范围。如判处十年以下有期徒刑的案件属

---

① 徐东、张红霞：《检察官办案责任制的现实困境与路径探析——以基层试点检察院检察官办案责任制为视角》，载万春主编：《检察调研与指导》(2015年第5辑)，中国长安出版社2015年版，第65页。

② 周理松、沈红波：《办案责任制改革背景下检察委员会与检察官关系的定位》，载《人民检察》2015年第16期。

③ 最高人民检察院课题组：《检察官制度研究》，载《中国法学》2015年第1期。

于基层检察机关正常的受案范围，然而可能判处十年以上有期徒刑的案件则一般不在基层检察机关的管辖范围内，而这些案件在地市级检察机关又属于正常的受案范围。因此，检察院级别的不同会导致对重大疑难复杂案件的理解产生差异，进而影响到对检察官授权范围的大小。另外，不同地区受案数量大小、经济社会发展程度也会影响到重大疑难复杂案件的确定。如案件数量特别突出的地域，其重大疑难复杂案件的范围与案件数量一般的地域很有区别。如对于经济犯罪而言，涉案数额是确定案件是否属于重大疑难复杂的首要因素，而涉案数额在东中西部地区可能会有很大不同。第二，检察官的素质。按照目前我国法律的规定，检察长是检察院唯一拥有完整检察权的主体，现在检察官所行使的办案决定权是检察长授予的。检察长授权力度的大小决定检察官享有的办案决定权的多少。而影响检察长放权的一个重要因素是办案检察官的素质问题。因为之前三级审批制存在的一个重要考量因素就是当时检察官质量参差不齐，专业素养、办案能力、职业操守等各个方面不能满足独立办案需要，需要发挥集体智慧以保证办案质量，防止检察官违法滥权。而现在构建高效权威的检察权运行机制以及落实司法责任追究的前提是拥有一支足以胜任检察工作的高素质的检察队伍。所以各地才会先行试点及推行员额制改革，目的就是打造一支专业化、精英化的检察官队伍。虽然各地已经推行员额制改革，而且员额制改革是司法改革四项举措中开展最顺利、取得最大成效的改革，但各地遴选出的检察官在素质能力、品德操守等方面还存在一定差异。为了保证办案质量，加强对办案检察官的监督制约，各地在授权方面应该尊重检察官素质的现实情况，同时还要考虑各地监督制约体系的完备程度，在综合考量的基础上，确定授权力度的大小。第三，权力清单的时效性。正因为检察长放权的多少与检察官业务素质、能力的高低成正比，而且与对检察官司法相对独立重要性的认识程度也成正比。因此，随着检察官素质、能力的提升，随着检察官相对独立性越来越受到重视和认可，检察长放权的力度也因应而变、与时俱进，当然从总体上看，检察官所享有的检察权会逐步扩大。事实上，很多地方的检察院的改革试点也是如此。如重庆市渝中检察院在 2012 年时，除重大、有影响的案件和职务犯罪案件外，凡对案件进程不具有终结性影响的，如批捕、起诉等决定权，授予检察官行使；凡对于案件进程不具有终结性影响的和诉讼监督权，如不批捕、不起诉、撤案等决定由检察长或者检察委员会行使。在其后的改革中，对检察官职权配置办法又多次修改，进一步扩大检察官业务决策权：2013 年开始将部分案件的不起诉权交由检察官行使。2014 年、2015 年，进一步扩大检察官不起诉权的案件范围，并将部分案件不批捕权交由检察官使。2016 年，除外国人犯罪和犯罪嫌疑人系人大代表、政协委员的案件，其他案件批捕与否决定权全部由检察官行使。①

除重庆市外，笔者还作为课题组成员到吉林、上海、山东等多地的检察院、法院调研，深入了解多地检察院、法院的司法责任制改革情况，从这些地方的司法责任制改革试点探索来看，这些地方出台的检察人员权力清单也不是一成不变的，而是随着形势的发展作出相应的调整和变更。比如，吉林省检察机关在放权过程中坚持预防在先、谨慎推进，不急于一蹴而就。着力从检察规律和工作实际出发，充分考虑检察人员素质能力的提升情况，充分考虑放权过程和步骤，逐步放权、平缓加压。同时结合放权后案件办理情况，随时作出权责调整。在具体放权过程中，注意根据不同业务部门的工作特点进行有区别的放权，做到慎重放权、适度放权与充分放权相结合。注意根据不同办案主体的权责承担能力，区别放权，做到因责施权，权责相当。逐步放权、区别放权的放权方法，既完全符合司法改革关于放权给一线办案主体办案权力的整体要求，又充分兼顾吉林省检察机关工作实际和改革现状，初步实现了平稳、妥善放权的目标要求。

（二）明晰法律文书的签发主体

《若干意见》规定："以人民检察院名义制发的法律文书，由检察长（分管副检察长）签发。"检察官负责办案、有权定案，但无权签发法律文书，这样的定案权显得不完整。《若干意见》还规定："对于检察官在职权范围内作出决定的事项，检察长（副检察长）不因签发法律文书承担司法责任。"显然，授权范围内案件的司法责任仍然由检察官承担。这样一来，有权签发法律文书的不承担责任，实际承担责任的无权签发文书，造成司法责任制下责权关系的不对等。与之形成对比的是，《最高人民法院关于完善人民法院司法责任制的若干意见》规定：独任法官审理案件形成的裁判文书，由独任法官直接签署；合议庭审理案件形成的裁判文书，由承办法官、合议庭其他成员、

---

① 　龙宗智、陈卫东、谢鹏程等：《抓住改革的"牛鼻子"——检察院司法责任制改革的理论与
　　实践》，载《中国法律评论》2016 年第 4 期。

审判长依次签署。审判组织的法官依次签署完毕后，裁判文书即可印发。除审判委员会讨论决定的案件以外，院长、副院长、庭长对其未直接参加审理案件的裁判文书不再进行审核签发。当然法院的司法责任制与检察院的毕竟不同，检察一体是检察权运行的基本原则，检察长保留签发法律文书的权力是为了加强对办案检察官的监督制约，保证办案质量。但是责权关系的对等能够更好地保证司法责任制的良性运转，权责一致的司法改革目标才是实现司法公平正义，提高司法公信力的关键。另外，检察长即便想加强对检察官的监督制约，也可以通过发布指令等方式，不必一定签发法律文书。所以在2017 年 3 月 28 日最高人民检察院印发的《关于完善检察官权力清单的指导意见》规定："以人民检察院名义制发的法律文书属检察官职权范围内决定事项或不涉及办案事项决定权的，可以由检察官签发"。另外，通过检委会决定、检察长的指令等方式，加强对检察官办案的监督制约。

新一轮司法改革最大的特点就是严格贯彻突出"以司法办案为中心，严格落实员额检察官都要在一线办案"的改革的目标。由于我国《检察官法》规定检察长是当然的检察官，因此检察长（包括副检察长）回归办案一线，是检察长"办案"属性的回归。这一方面可以进一步落实司法改革的目标和要求，另一方面可以发挥检察长（包括副检察长的）引领、示范和带动作用。正是基于上述认识，各地在司法责任制改革的探索实践活动中都是积极落实检察长的办案活动。比如，吉林省检察机关制定了《吉林省检察机关检察长直接办理案件规定（试行）》，该文件以规范的方式来落实检察长（包括副检察长）的办案工作，明确检察长（包括副检察长）办案是依职权组织、领导办案，审查、审批、决定案件，主持或参加检察委员会讨论决定重大、疑难案件和列席审判委员会会议，以承办人身份办理案件或重大诉讼监督事项。这就规范了检察长（包括副检察长）的办案工作，明确将检察长（包括副检察长）办案区分为办案责任和管理责任，真正实现检察长（包括副检察长）办案责任和管理责任的区分，构建承责和免责体系，解放检察长的权能，实现检察长领导管理权能和办案权能的规范化和清晰化。

（三）明确检察官助理的职责

在推进司法责任制改革的过程中，关于如何处理检察官与检察官助理之间的关系，不同地方之间分歧较大。部分地方检察机关提出，具有检察官资格、因员额限制未入额而转任的检察官助理，过渡期内可以办理特定类型的案件，并代表人民检察院出席案件的法庭审理，以缓和"案多人少"的矛盾。检察官助理的职责应是检察官须亲自承担及检察官权力清单确定的办案事项决定权之外的办案职责。检察官助理可以协助检察官出席法庭，但不得以人民检察院名义单独出席案件的法庭审理。因此，检察官助理的职责是辅助检察官办理案件，而不是自行办理案件。除亲历性事项和办案事项决定权全部应当由检察官作出决定外，其他的司法办案工作也应当主要由检察官完成，检察官助理只是辅助检察官办理案件。出席案件的法庭审理属于检察官代表国家行使检察权，且在法庭上涉及诸多需检察官亲自处理决定的事项，应当作为检察官亲历性事项，不宜由检察官助理代表人民检察院出席法庭。当然这样可能会加重"案多人少"的矛盾问题，但对于这个问题，可以通过在全省范围内合理调配员额、调配辅助人员缓解矛盾，而且本身员额制也不是专门解决"案多人少"问题的对策，未来应通过完善简易案件集中审查等案件办理机制等方式，通过调配员额等多种举措，共同解决"案多人少"的问题。而由检察官助理办理特定类型案件，代表检察院出席案件的法庭审理，则混同了检察官和检察官助理的职责权限，不利于明确检察官助理的职权。

第三章 检察人员司法责任制改革之监督制约机制

司法责任制改革确立了检察官的司法主体地位，使其可以相对独立地行使检察权，但在遵循司法规律、不影响检察官办案主体地位的前提下，应坚持"放权不放任、监督不代替"，必须高度重视"有权不任性、用权不滥权"的问题。在落实司法责任制，不断授权给检察官的同时，还应注意加强对办案检察官的监督制约。从国内外的经验看，对检察官的监督制约应坚持内部制约和外部制约相结合的原则。其中，检察权内部监督制约的核心问题在于理顺并平衡检察一体与检察官独立之间的关系，这主要体现在上下级检察院的关系、检察长与检察官的关系等方面。而外部监督制约包括人民监督员监督、人大监督、政协监督、司法公开等。

一、内部监督制约机制

监督体系是确保司法责任制落实的重要途径。现有理论研究以及各地的检察人员司法责任制的改革实践都非常注重在放权给检察人员的基础上加强对办案检察官的内部监督制约。现在有关检察官办案的内部监督制约机制的理论研究及制度实践主要涉及以下方面的内容：一是在案件质量上，在保持原有检察委员会集体研究重大疑难案件的基础上，增设了检察官联席会议制度。对于检察官提交的重大疑难案件，可以先交由部内召开检察官联席会议进行研究，研究结论作为检察官作出案件决定的重要参考。这为保证案件质量提供了制度上的支持。二是在程序运行上制定全省案件流程监控工作办法，由案件管理部门依托统一业务应用系统平台对案件办理的程序性问题进行实时监控，发现问题及时提出纠正意见，切实保证执法统一规范和办案全程留痕。三是在业务考核上改变了过去业务考核只是考核到院或部的状况，由政治部定期对检察官个人的办案业绩、履职尽责情况、职业操守及其他能够反映检察官办案情况的事项进行电子化系统考核，进一步激发广大检察官的职业尊荣感和干事创业的热情。四是研究如何协调检察一体与检察官独立的关系。但现有研究对于如何协调检察一体与检察官独立关系的讨论尚存在一些问题，另外在案件监管部门的监管制度中，检察官考核评鉴制度的研究着墨不多。该部分内容关注的重点主要在这两个方面。

（一）协调检察一体与检察官独立的关系

在如何协调检察一体与检察官独立之间的关系方面，《若干意见》尊重检察一体化的原则，注重发挥上级检察指令的作用。另外，在上级发布检察指令时，上级也应承担相应的司法责任。如《若干意见》规定："上级人民检察院不采纳或改变下级人民检察院正确意见的，应当由上级人民检察院有关人员承担相应的责任"。对于检察长与检察官的关系，按照检察一体化原则，《若干意见》一方面规定检察长有权对独任检察官、检察官办案组承办的案件进行审核；检察长不同意检察官处理意见的，可以要求检察官复核或提请检察委员会讨论决定，也可以直接作出决定。另一方面也要求检察长的意见、决定应当以书面形式作出并归入案件卷宗，同时赋予检察官异议权，规定检察官执行检察长决定时认为决定错误的，可以提出异议；检察长不改变该决定，或要求立即执行的，检察官应当执行，执行的后果由检察长负责，检察官不承担司法责任。总体上讲，《若干意见》突出了检察官的办案主体地位，同时又注重发挥集体智慧的作用，协调检察一体与检察官相对独立之间的关系，而且还加强案管部门等对检察官的横向的监督制约。

现有内部监督制约存在的问题主要体现在以下两个方面：一是在处理检察一体和检察官相对独立的关系时，虽然《若干意见》旨在限制上级检察权的滥用，但从整体上看，在检察一体和检察官相对独立的关系上，一体化有余而独立性稍显不足。如检察官认为检察长和检委会作出的决定、指挥、指令违反法律和相关规定的，有权提出异议。但若检察长和检委会不改变决定、指挥、指令并要求立即执行的，检察官应该执行，除非检察长和检委会的决定、指挥、指令是明显违法的。若如果不属违法指令，只是上级指令与检察官本人对案件的确信与处理意见相左，检察官必须服从指令。这是趋于严格的"检察一体制"的要求，检察官虽有异议权，但必须服从上级指令。当然这种较严格的"检察一体制"应当说大体是符合我国目前国情的，毕竟目前我国经员额制改革遴选出的检察官与西方经严格选任标准遴选出的检察官，在专业化、精英化、职业化方面还存在不小的差距。在检察一体与检察官相对独立的关系处理上，需要注意我国的司法条件以及检察官队伍的现状。但在经济比较发达、检察官素质比较高的地区可以考虑若检察官对案件的处理意见和上级指令发生冲突时，检察长在时限内将案件转给其他检察官办理。这样既可以保障检察官的独立的办案地位，同时又发挥了检察一体的监督制约作用。二是目前在处理检察一体和检察官相对独立的关系时，对上级检察指令的限制主要是在程序要件上实行书面主义，即上级检察机关或检察首长指挥、监督、命令下级检察机关或承办案件的检察官涉及裁量权之行使、强制处分权之行使及事实和法律之适用，必须以书面形式作出并附理由，做到指令全程留痕。特别是在当今媒体和网络发达的情况下，实行指令书面主义是控制指令权滥用的重要制度。另外就是检察指令公开，接受法官、辩护律师等的监督制约等。但对检察指令的实体规制的研究相对较少。本书前文已经就如何对检察指令进行实体规制作了简单论述。

（二）完善检察官考核评鉴制度

在内部监督制约机制方面，除应协调和平衡检察一体和检察官相对独立之间的关系外，还应加强案件管理部门对检察官办案的监督制约作用。改革以前，对检察权运行的监督制约主要以书面监督和事后监督为主，多为发现问题以后再监督，有被动性和滞后性的特点，这种监督方式无法及时发现和纠正错误。司法责任制改革以后，首先在办案主体上把关，由承办检察官和主任检察官分别对事实证据和案件处理结论承担责任，明确了权力和责任边界，其后由案件监督管理部门通过对办案主体实行动态的管理和抽查、对办案期限进行预警监督等手段，实现对办案活动是否合法规范实行全程监督，最后通过案件质量终身负责和司法责任追究，使检察人员对履行检察职责的行为承担司法责任，在职责范围内对办案质量终身负责，由此实现了事前、事中、事后的全方位监督。而案件管理部门发挥的就是事中监督的作用。现有研究中，虽然对案件管理部门的监督制约机制着墨很多，但如何对检察官进行考核评鉴的探讨相对较少，因此本部分聚焦于如何完善检察官的考核评鉴制度。

检察机关考核考评制度是指规范检察机关考核考评行为的一系列准则。从实践来看，检察机关的考核考评体系在考评定位、考评指标选择、考核方式、考核结果运用等方面仍然明显存在问题，迫切需要加以改进。目前司法责任制改革虽然基本完成，但目前司法责任制改革主要围绕办案组织的构建、权力清单的制定、监督制约机制的完善、司法责任的认定和追究等方面展开，在检察人员司法责任制的背景下，如何完善现有的考核评鉴体系，实现公平正义，需要认真关注。

1. 检察官考核评鉴制度的定位

检察人员司法责任制是一个综合配套体系，而且各项制度之间的关系连接紧密。对检察官的考核评鉴与监督制约机制、惩戒制度、检察官身份保障制度等既相互独立又相互统一。那么检察官的考核评鉴制度与上述诸制度之间的关系如何呢？从检察官考核评鉴制度内部自身的逻辑来看，检察官考核制度的目的是全面考察检察官办案业绩、办案纪律以及学识能力、职业道德等内容，而案件质量评鉴制度是确定办案业绩的主要依据。对检察官的考核分为全面考核和专项考核。全面考核是主动常规的考察，如年终职务评定、全面评鉴等，而专项考核是被动的考核，依据全面考核发现的问题或者举报而开启，如个案评鉴。全面考核以对检察官的正面评价为主，考核结果应与职务晋升、薪酬增长等挂钩。而专项考核则针对检察官容易出现问题的环节或者有问题嫌疑的案件。通过检察官考核评鉴和案件质量评查对发现的案件质量问题、严重程序问题进行倒查追责，认定和追究相关人员的司法责任。在健全检察官考核评鉴制度以及惩戒制度的基础上，建立不适格检察官的退出机制。

因此，对检察官的考核评鉴可以作为检察官职务评定的参考，对检察官的全面考核及平常的考核均作为检察官职务评定的参考，而职务评定则是职务晋升及薪资增加的依据。而对于检察官的惩戒处分来说，对检察官的考核评鉴结果作为惩戒审查程序的条件之一。由此可见，对检察官的考核评鉴本身是一种评估，本身不具有决定检察官身份事项的法效果。因此该制度是一种过程性的制度。司法考核目标的实现是通过司法考核结果的运用实现的。因此，司法考核评鉴制度具有从属性，服务于司法官身份保障的其他制度，如晋升、薪俸保障、惩戒等制度。

就理论立场而言，司法制度本身的架构需要更多回应民主问责需求时，司法考核制度作为替代及补充功能的制度出场。这一制度背景决定了司法考核并非因为有权力就要有监督这样的观念而设置，而是在司法权威与公众信任的良性互动中发挥作用，对检察官道德考核评鉴有确定目标和功能。[①]

2. 检察官考核评鉴制度的不足

检察人员司法责任制改革的目的是突出检察官的办案主体地位，使检察官成为检察权运行机制的核心，在检察官权责利统一的基础上实现公平正义，提高司法公信力。现在司法责任制改革在构建办案组织、授权与监督、司法追责等方面取得很大的成效。在此背景下，改革本身对现行考核机制提出了很多挑战。而如何完善现有考核制度，推动改革深入进行，也需要详细研究。

第一，分类管理后的考核任务加重，个人绩效考核突出。检察人员分类管理是检察人员司法责任制的重要保障制度，依据分工的不同，现有在编人员被分为检察官、检察辅助人员和司法行政人员。因三类人员的职责权限、工作任务各不相同，因此，应该根据检察人员分类管理后的实际情况，重新确定各类工作的职责和量化的目标，根据不同的职位确定不同的考核标准，真实、科学、合理地评价检察官业绩。然而目前的考评并未注意到检察人员分类的变化，自然无法适应考核评鉴的需要。另外，现有的检察官考核评鉴基本不存在针对个人的考核内容和考核程序。如在考核程序上，没有专门针对个人的考核制度，这样无法考评个人的过错或者成绩，自然无法对个人作出正面或者负面评价，因而也无法对个人进行正面激励或者负面性的处分。另外，对个人的考评内容上，"德、能、勤、绩、廉"是统一的标准，然而这些标准并未注意到不同岗位的区别。如"检察业务人员与综合业务人员考评标准一样，普通干警考评内容与中层干部考评内容一致，形成干多干少一个样，多做多错、不做不错的不良风气"。[②] 而且这些标准与实际的业务之间的关联度较低，因而也无法真正收到考核评鉴的效果。

第二，考核指标设置不合格。以往考核体系将检察院的业务分成几部分，然后将考核的内容分成若干可以量化的因子，采取量化计分的方式进行，考核指标的设置偏重数量而忽视质量。如公诉部门的考核指标中规定了抗诉数、纠正违法数、纠正漏诉人数等，考核时根据这些指标，只要数量增加了，相

---

① 张剑文：《论作为组织法制度的检察官考核》，载《人民检察院组织法与检察官法修改——第十二届国家高级检察官论坛论文集》，中国检察出版社 2016 年版，第 944 页。

② 夏黎阳：《检察官办案责任制条件下绩效量化考核机制之对应探微》，载《司法体制改革中司法责任制的发展与完善——第五届中国检察基础理论论坛论文集》，中国检察出版社 2016 年版，第 314 页。

应的分值也会上升。然而检察业务考评最根本的是要督促核查检察官是否严格依法履行职责，必须结合实践中具体案件的情况，审查核实办案中是否正确行使职权，各环节作出的决定是否达到法定的证据、事实及程序标准。[①]

第三，忽视过程控制的作用。考核考评制度主要有两个方面的作用：其一是过程控制，即通过考核考评发现存在的问题，并提出改进的方案；其二是将考核考评的结果作为职务晋升、人员奖惩的依据。综观国外检察机关考核考评制度，无论是过程控制还是结果应用，都体现出较为明显的作用。而我国现有的检察机关考核考评制度更重视考核结果的应用，在过程控制方面的作用显得相对薄弱。考核考评是一种过程控制，即通过考核考评，诊断出检察机关各业务部门和工作人员存在的问题，进而设计出改进方案，为检察机关执法提供了明确、客观的标准，减少了检察执法主观上的随意性。若只是看中结果取向的考核，那么有可能会影响检察权的依法独立行使。司法责任制改革目的就是突出检察官的办案主体地位，保障检察官依法独立行使检察权，但在授权给检察官的同时，为了保证办案质量、提高司法公信力，还需对检察官加强监督制约。而过程控制则发挥了其相应的监督制约作用。过程控制有利于克服当前我国基层检察人员专业素质较低、执法规范性不够的弊病，在不影响检察官依法履职的情况下，加强了对检察官的监督制约。另外，过程控制对办案数量、质量、效率、效果和安全的要求，也使得各级检察机关能够积极、正确、及时地行使国家权力，使案件能够得到及时、公正的处理，司法权的滥用可以得到有效遏制，人民群众的合法权益能够得到充分保障，从而促进检察机关的法律监督职能正确、有效地发挥。

第四，考核结果的运用不理想。绩效管理理论历来认为，"只有将绩效评价的结果与人们所获得的回报挂钩，才能真正使绩效管理发挥应有的作用"。[②]然而，目前我国检察人员的绩效结果尚未与薪资高低、职务晋升等直接挂钩，从而使得考核结果的效用并未有效发挥出来，而这与其他国家的检察官考核考评制度形成鲜明对比。比如英国将检察机关考核结果直接与加薪、晋职挂钩；德国将检察官工资与工作绩效紧密挂钩，对绩效优秀的检察官进行绩效

① 向泽选：《检察业务考评机制探析》，载《国家检察官学院学报》2010 年第 4 期。
② 孙柏瑛、祁光华：《公共部门人力资源开发与管理》，中国人民大学出版社 2004 年版，第 164 页。

奖励。各国通过对考核结果的充分应用，强化检察官责任意识，调动检察官工作积极性，进而提升检察机关的整体工作水平。[①] 从国外的经验来看，充分发挥考核的应有效应，不但可以在物质方面或者精神层面对检察人员予以激励，同时可以在考核评鉴的过程中对考核的相关情况进行分析和研究，归纳和总结检察权运行中的问题并提出改进的建议等，从而促进检察业务的发展。

3. 检察官考核评鉴制度的完善

第一，检察官考核评鉴制度应顺应检察人员分类管理改革后的新形势。虽然我国现行的检察官考核规则日益精细化、明确化、系统化，但是考核效果却不尽理想。究其根源，就是我国检察官的考核内容强调普适性而没有针对性。检察机关各部门各职位的工作量、工作性质、难易程度均存在差异，而现行的检察官考核规则普遍忽视个体差异。在落实司法责任制，突出检察官的办案主体地位的背景下，应重视对个人的绩效考核，健全个人绩效考核制度。检察人员分类管理改革后，检察院在编人员被分为检察官、检察辅助人员和司法行政人员三类。因三类人员的职责权限、工作任务各不相同，因此，应该根据检察人员分类管理后的实际情况，重新确定各类人员的工作职责和量化的目标。另外，检察官考核评鉴制度应该包括针对个人的考核内容和考核程序，从而科学、有效地考评个人的过错或者成绩，对个人作出正面或者负面评价，最终对个人进行正面激励或者负面性的处分。这样才可以实现考核评鉴的目标，而且顺应了司法责任制改革突出检察官办案主体地位的趋势。除考核检察官外，考核制度还应及于检察辅助人员，为此，还应建立检察官助理履职考核机制。检察官助理对其依检察官指派所进行的询问、讯问、出庭、调取证据等活动负责，检察官对检察官助理的工作质量提出考核意见。另外，检察官还应对司法警察、检察技术人员承担的办案辅助工作提出考核意见。

第二，设置科学的考核指标。在设置考核指标时，对于数字化的考核指标，一是要弱化对"量""率"的硬性规定。检察业务考评应当将考核的重点放到检察活动是否符合法定的实体和程序规范上，不应将工作成效落在立案数、逮捕率、起诉数、诉讼监督数等指标的高低上面。只有将检察业务考评

---

① 王欣：《国外检察官考核考评制度之比较及启示》，载《江苏大学学报（社会科学版）》2013 年第 2 期。

的重心从"量""率"的传统模式中解脱出来，检察官考核评鉴制度才能真正实现从形式考评向实质考评转变。

当然应该看到，虽然检察业务考评应当将考核的重点放到检察活动是否符合法定的实体和程序规范上，但这种实质性的考核需要深入办案的各个环节，目前就达到这样的改革效果并不现实。因此，目前量化考核的存在在一定程度上是一种权宜之计。不过我们可以借鉴我国台湾地区的做法，将办案指标考绩与检察官评鉴制度相结合，使得考评结果的运用具有权威性。各个案件之间的差异甚大，单纯的数据指标未必能够反映案件质量。因此，作为办案指标考绩的补充，我国台湾地区设置了全面考核制度，并以极具特色的检察官个案评鉴制度来对检察官办案可能存在的负面情况进行约束。其互补作用体现在以下三个方面：一是对办案指标所无法涉及的个案办理情况进行全面检查；二是引入评鉴委员会对办案指标所无法反映的检察官办案态度、检察官行为是否符合伦理规范进行主观评价；三是引入外部评价机制对办案指标所无法体现的办案效果进行倒逼检视。正面与负面相结合、客观与主观相结合，使得该考评机制具有全面性和权威性。①

第三，重视对检察官的过程考核。为了保障检察官依法独立行使检察职权，应该重视对检察官办案的过程控制。对于工作量的统计、目标运行的监督、检察干警的绩效评价等工作通过平时的监督管理进行推进，将考核常态化设置。检察业务考评应该建立动态的案件管理制度，实现全面管理，适时地对被考核的检察院办理的各类案件进行全程的动态监控，才能及时掌握案件办理的具体情况。为此需要建立网上办案流程控制系统，使得上级有条件对案件进行动态全流程的监控、检查、考评等。每隔一段时间，由上级对检察官的办案活动进行全面的分析，找出检察执法中存在的普遍性的问题，通过持续、不间断的考核，迅速发现检察工作中存在的各种问题，及时提出改进措施，提高检察官的业务水平，从而更好地实现考核评鉴的目标。在各国对检察官的考核考评体系中，过程控制思想体现得较为明显。如英国对检察官的考评包括日常考评和年终考评，德国对检察官的考评包括定期考核、临

---

① 林秀冰：《海峡两岸比较视野下检察官考核制度研究》，载《人民检察院组织法与检察官法修改——第十二届国家高级检察官论坛论文集》，中国检察出版社 2016 年版，第 909 页。

时考核和中期考核等多种形式。① 因此应将检察机关的业务考评设置为连续的、常态化、动态化的形式，相比于传统的考评模式，动态化、常态化的考核有利于取得应有的效果。

第四，注重考核结果的应用。目前我国检察官考核激励机制不完善，考核结果不能成为物质奖励、职级晋升、职务任免等激励措施的依据，绩效考核成绩好与成绩差在待遇上没有拉开差距，对于绩效考核工作完成较差的人员的惩罚措施流于形式。绩效结果要通过奖励和惩罚加以应用，将考评结果作为正确评价检察人员德才表现和工作实绩的尺度，作为实施检察人员奖励培训辞退以及职务调整的依据，这是维护绩效考核权威性，调动检察人员工作积极性，不断提高工作质量和工作效率的必经环节。奖励的方式可以分为多样的物质奖励和精神奖励：一是绩效考核结果与工资挂钩；二是将考核结果作为评选先进工作者、晋升级别的依据；三是对于有突出的表现或重大贡献的检察人员，给予绩效津贴。对于绩效考评不合格的检察人员，应当给予教育训诫、调动岗位等处分，或者责令限期改进，对连续三年被考评为不合格的检察人员，可以给予免职处理。

一个好的激励机制必须体现奖优罚劣，这是机制建设的必然要求，也是其必然结果。这就需要发挥绩效考核"指挥棒"的作用，需要将各部门、个人的考评的成绩与奖惩结果的效果密切结合起来，与各部门及个人的评优评先挂钩，与检察官的人事调整、选拔任用、记功表彰等紧密连接，才能使得大家真正重视考核评鉴的作用。在完善考核评鉴制度本身的基础上，还应建立考核评鉴结果通报与预警机制，总结推广检察工作经验，对于考评工作中的经验、亮点通过媒体宣传、表彰奖励的方式，及时予以推广宣传。考核评鉴结果应促进检察工作和检察制度的健全完善，从而形成稳定性、科学性的长效机制，对于考核评鉴中出现的普遍性的、一般性的问题，应及时提出相应的建议和意见，对原有的制度进行立、改、废的改变，从机制上解决问题。考核评鉴结果要强化检察队伍建设，要不断提高检察人员法律监督能力和水平，把通过考评工作反映出的执法理念、执法作风、执法质量等方面的情况，作为加强队伍教育、管理、监督的重要依据，促进检察人员进一步提高执法

---

① 王欣：《国外检察官考核考评制度之比较及启示》，载《江苏大学学报（社会科学版）》2013 年第 2 期。

能力、严肃执法纪律、规范执法行为。

4. 案件质量评查制度

检察院的案件评鉴机制是落实司法责任制的基础,科学设计案件评鉴指标是案件评鉴机制运行的核心。案件评鉴机制(或称案件质量评查机制)是指检察机关内部对业务部门审结的案件从事实认定、证据采信、法律适用、程序规范、风险评估、文书使用和制作、涉案款物处理、办案效果等方面进行监督、检察、评价的案件管理活动。[①] 简单地说,案件评鉴机制是采用相对客观的量化标准对案件质量进行评鉴,其目的在于通过评鉴来提高办案质量,通过对生效案件的事后检查将监督向前延伸以防止冤假错案的发生,引导检察官正确办案。[②] 在实践操作中,可以通过开展"一案一评查——个案评查——倒查问责"三步走的方式,实现监督、评定和追责的功能。

第一,一案一评查。该步骤是指制定案件质量评查表,明确案件质量标准,开展一案一评查工作。案件评查机制的构建应当以科学地设定相关指标为核心。"案件评鉴的工具价值就体现在给案件评鉴工作提供科学标尺,即运用科学的方法,对案件质量进行定量分析。对案件质量进行精细化管理,细化评鉴标准和评估规则,尤其需要注意的是必须要将对案件质量的考查落实到每个具体的案件甚至每个具体案件的每个具体环节中。"[③]

有的专家对司法责任的评鉴标准问题进行了探索,将评鉴标准(指标)从实体与程序两方面进行了细分。在实体方面,评鉴标准被分为三项内容:一是事实不清,证据不足;二是适用法律错误;三是实体处理错误。关于第一项内容,可以分列以下子项目:(1)认定主要案件事实没有证据或没有足够证据支持;(2)对有足够证据支持的主要案件事实不予认定;(3)对应当且能够收集的证据未能依法收集,导致主要案件事实不清、证据不足。关于第二项内容,可以分列以下子项目:(1)认定法律关系性质错误,定性不当;

① 李治国等:《案件质量评查的现状及完善》,载《学理论》2015 年第 1 期。

② 张超等:《检察官办案责任制改革背景下的案件评鉴指标构建》,载《司法体制改革中的司法责任制的发展与完善——第五届中国检察基础理论论坛文集》,中国检察出版社 2016 年版,第 876 页。

③ 张超等:《检察官办案责任制改革背景下的案件评鉴指标构建》,载《司法体制改革中的司法责任制的发展与完善——第五届中国检察基础理论论坛文集》,中国检察出版社 2016 年版,第 876 页

（2）认定法律关系主体错误或遗漏主体；（3）认定法律责任错误；（4）认定法律关系效力错误。关于第三项内容，可分列以下子项目：（1）案件处理与认定的案件事实、适用的法律相悖；（2）案件处理与有关决定不符。在程序方面，评鉴标准可细化为以下项目：（1）违反案件管辖规定；（2）违反回避规定；（3）违反规定执行、变更、撤销强制措施；（4）违反规定查封、扣押、冻结、保管、处理涉案财物；（5）未依法保障当事人、辩护人、诉讼代理人的诉讼权利；（6）严重侵害当事人、辩护人、诉讼代理人的诉讼权利；（7）超过法定办案期限，造成超期羁押；（8）未按规定实行同步录音录像；（9）收集证据不规范；（10）送达不规范；（11）违反案件管理规定；（12）未依法履行法律监督职责；等等。[①] 当然因为一案一评查有时难以完全做到，这时可以考虑对重点案件进行评查或者专项评查，或者在一案一评查的基础上，将重点放在重点案件评查或者专项评查。如上海对捕、诉、判差异比较大等案件常见质量问题开展常规检查，其中下列案件属于重点评查范围：审查逮捕案件犯罪嫌疑人被批准逮捕后，作不起诉处理的；审查起诉案件提起公诉后，被告人被判无罪；审查起诉案件提起公诉后，撤回起诉的；审查起诉案件提起公诉后，诉、判不一影响定性；二审上诉案件检察院出庭意见与法院判决不一致的；二审抗诉案件撤回抗诉或法院驳回抗诉的；按照审判监督程序提出抗诉的；不捕复议、复核或不诉复议、复核后，改变原审查决定的；刑事申诉案件复查后，改变原处理决定的，或原作出不同处理决定业务部门之间有重大争议……总共有15种情形。上海的专项评查主要针对涉及民生民利、社会关注的案件，重大疑难复杂案件，新型犯罪案件，在诉讼权利保障、强制措施使用和查封、扣押、冻结、保管、处理涉案财物等方面容易发生的问题，以及新法律新规定的贯彻执行情况等。[②]

　　第二，个案评查。对于一案一评查中发现的无罪判决、国家赔偿、办案程序严重违法的案件，启动个案评查。有的地方称之为司法责任评鉴。目前，在新一轮司法改革的热潮中，许多地方的检察机关为贯彻中央司法改革文件的精神，正在积极探索并出台了落实司法责任制的实施细则。可见，司法责

---

① 张超等：《检察官办案责任制改革背景下的案件评鉴指标构建》，载《司法体制改革中的司法责任制的发展与完善——第五届中国检察基础理论论坛文集》，中国检察出版社 2016 年版，第 878~879 页。

② 《上海检察机关落实司法责任制工作细则（试行）》第 33 页。

任评鉴的目的在于追责，而追责的范围是过错责任或违法违纪行为。根据该细则，司法责任评鉴由上海市人民检察院司法责任评鉴领导小组负责，分院和基层院的司法责任初核工作由案件质量评查领导小组承担。司法责任评鉴的范围包括：（1）案件被宣告无罪的；（2）国家赔偿的案件；（3）被认为属于冤假案的；（4）被认为严重违背办案程序和职业操守的；（5）办案导致犯罪嫌疑人、被告人脱逃或死亡、伤残的；（6）引起社会不良反响的；等等。另外，应借鉴上海的经验，设立专门的评鉴机构，如司法责任评鉴委员会。由市检察院案管部门负责人、纪检监察部门负责人、检察官遴选（惩戒）办公室负责人、检察业务专家、人大代表、政协委员、科研院校专家等作为委员会委员。[①]

第三，倒查追责。对于确实存在案件质量的案件，启动责任倒查问责机制，分别追究相关人员的办案责任。这一阶段属于责任认定和追究阶段，其调查结果也直接为检察官的业绩考核提供依据。

二、外部监督制约机制

（一）外部监督制约机制面临的新问题之一

以往外部监督制约主要是指人大监督、政协监督以及近年来开展的检务公开。自 2016 年以来，以审判为中心的诉讼制度改革如火如荼地开展起来，该项改革是一项系统工程，是对我国现行刑事诉讼制度作一系列的重大改革。以审判为中心的诉讼制度改革是新一轮司法改革措施中最具影响力、意义最为深远的改革举措。以审判为中心的诉讼制度改革还应确立审判阶段在整个诉讼阶段的核心地位，审前阶段应当服从于并服务于审判阶段。审判中心主义还应解决侦查、起诉等活动与审判的关系问题。审判机关应发挥其对侦查机关和检察机关的审查作用。因此，在以审判为中心的诉讼制度改革背景下，审判机关应发挥对检察机关的实质审查作用，审判机关不是单纯地依靠案卷笔录形成判决，而应在庭审中通过开庭的方式，在控辩双方对指控被告人有罪的证据逐一举证、质证、认证、辩论的过程中，形成自由心证并最终作出裁判，因此法院庭审活动对检察权运行所发挥的外部监督作用将大为增强。

[①] 崔永东、杨海强：《司法改革背景下检察人员司法责任体系的构建——兼与李建勇教授商榷》，载《探索与争鸣》2016 年第 12 期。

而且，在"以审判为中心的诉讼制度改革"背景下更应强调控辩双方的平等对抗，重视举证、质证、认证的作用，使庭审实质化真正落实，那么律师应发挥实质性的辩护作用，由此形成对检察权的有力制衡。

（二）外部监督制约机制面临的新问题之二

2016 年 12 月 25 日，全国人大常委会第二十五次会议表决通过了《关于在北京市、山西省、浙江省开展国家监察体制改革试点工作的决定》，将试点地区人民政府的监察厅（局）、预防腐败局及人民检察院查处贪污贿赂、失职渎职以及预防职务犯罪等部门的相关职能整合至监察委员会，建立"党统一领导下的国家反腐败工作机构"。我国监察体制改革正式开始。新成立的监察委员会贯彻监察全面覆盖的理念，检察官个人的违法行为、违纪行为及道德品行等情况处于监察委员会的监督之中。公职人员平常的违法乱纪，在很大程度上是因为贪污受贿所致。因此，成立监察委员会，由监察委员会监察检察人员的违法、违法等腐败行为，可以在很大程度上预防因腐败行为所引起的违法、乱纪行为，对检察人员的职务行为形成制约，从而保证检察人员依法行使检察权，进而保障办案质量，最终实现公平正义，提高司法公信力。检察权的制约机制正从内向外转型，如果将权力制约作为一个动态平衡的系统，外部制约的强化，意味着可以适当弱化内部制约，部分甚至可能走向消亡。[①]

成立监察委员会后，需要讨论的一个问题就是人民监督员制度的存废问题，因为人民监督员监督的案件针对的是检察院的自侦案件，但是监察体制改革实施之后，检察院的自侦职能转隶至监察委员会。那么此时检察院是否还应设置人民监督员制度呢，若还需设置人民监督员，那么人民监督员的监督案件的范围应如何界定呢？

1. 人民监督员制度的存废问题

第一，从人民监督员制度设计的初衷来看，由于检察机关对于职务犯罪案件自侦、自捕、自诉的工作格局，检察机关的办案活动缺乏监督和制约，有可能会导致执法不严、司法不公的现象，从而影响民众对司法机关的公信力。因此检察机关的办案活动面临监督者如何接受监督的问题。由此人民监督员制度应运而生。但当职务犯罪侦查权转隶到监察委员会后，人民监督员制度存在的制度根基和合理性便不复存在了吗？或者说原先人民检察院所面

---

① 左卫民：《检察院内部权力结构转型：问题与方向》，载《现代法学》2016 年第 6 期。

临的监督者如何接受监督的问题便完全迎刃而解了吗？党的十八届四中全会提出，完善人民监督员制度，重点监督检察机关查办职务犯罪的立案、羁押、扣押冻结财物、起诉等环节的执法活动。据此，人民监督员仍可重点针对职务犯罪的起诉活动进行监督。另外，人民监督员制度虽然直接针对的弊端是检察机关自己行使职务犯罪案件的侦查、逮捕和起诉所造成的国家机关公权力之间无法有效监督制约的困境，但是设置人民监督员的本质或者精神实质是加强对检察机关办案活动的监督制约，发挥的是人民监督员制度对于健全检察权的外部监督制约机制、规范司法行为、促进司法公正、提升司法公信力的重要作用。因此，当职务犯罪案件的侦查权转隶至监察委员会后，对于检察机关的办案活动仍然存在监督制约的可能和必要。尤其是在新一轮司法体制改革中，作为新一轮司法体制改革"牛鼻子"的司法责任制改革已经在全国全面铺开。司法责任制改革注重放权于检察官，突出检察官在办案中的主体地位，从而建立高效运行的检察权运行机制。但在放权给检察官的同时，为了保证案件质量，实现司法公正和维护司法公信力，还需要加强对办案检察官的监督制约。除检察院的内部监督制约外，以人民监督员为重要代表的内部监督制约也是不可或缺的。而且，自2010年10月起，人民监督员制度全面推行，到现在已经将近10年时间。在人民监督员制度试点以及全面推开的这段时间，我国并未实行司法责任制改革，检察权的运行仍然遵循的是"三级审批制"的模式，"三级审批制"的模式虽然不符合司法规律，但在一定程度上发挥了对办案检察官的监督制约作用。那时人民监督员的存在与否对于从事公诉等业务的检察官的监督制约意义可能并不十分突出。但将大部分公诉权放权给办案检察官后，人民监督员对从事公诉业务的检察官进行外部监督制约的作用则凸显出来。因此，不应简单否定人民监督员对检察权公正、高效运行所发挥的外部监督作用。

第二，从比较的角度来看，首先，尽管世界各国的社会背景、法制历史、文化传统等因素各不相同，但公民参与司法作为一种司法理念和价值已经成为现代民主法治国家的特征之一。[①]从世界范围看，民众参与司法活动的制度设计颇多。比如美国的大陪审团制度以及日本的检察审查会制度，都是民众参与检察机关公诉活动的范例。我国是人民民主专政的国家，人民是

[①]　陈卫东：《人民监督员制度的困境与出路》，载《政法论坛》2012年第4期。

国家的主人。司法民主或民主司法是我国社会主义司法的基本原则，司法民主是我国司法制度的基石，也是司法权行使（运行）的基本原则。① 民主司法如何实现呢，对于法院而言，人民陪审员便是其实现形式；而对于检察院而言，自然人民监督员担负着民主司法实现的重任。因此，无论是从顺应世界潮流来看还是从遵循民主司法的基本原则来看，都不应摒弃人民监督员这一民众参与司法、实现司法民主的制度形式。其次，从国内范围来看，法院和检察院都是我国的司法机关，担负着通过行使审判权和检察权从而实现司法公正和司法公信力的重任。而法院一直存在人民陪审员这一制度，民众可以通过人民陪审员制度参与司法，若在检察机关的职务犯罪侦查权转隶后，直接剥夺人民监督员这一制度的存在可能，那么也会存在法院和检察院不均衡、厚此薄彼的问题。人民监督员制度是继人民陪审员制度和人民调解员制度之后建立起来的又一充分体现人民性的创新制度。这一制度是我国的又一项制度创新，业已成为人民群众有序参与司法、监督司法的直接形式和重要举措，也是实现人民民主的有效方式。最后，虽然从相关的数据分析来看，人民监督员制度的整体运行情况不尽如人意，除最初试点的几年外，该制度的预期目标并未真正达到，人民监督员制度的试试效果并不理想，而且自人民监督员制度试点以来，包括全国推广开来后，无论在人员选任还是监督程序、监督范围等方面都存在诸多问题。② 但人民监督员这一制度毕竟是民众有序参与司法的重要途径。而且在以后的改革完善中，人民监督员制度可以借鉴美国的大陪审团制度以及日本的检察审查会制度的有益经验，甚至可以吸取人民陪审员制度以及之前人民监督员制度改革中的相关经验教训，针对人员选任、监督程序、监督范围等方面存在的问题有针对性地进行研究，从而发挥该制度应有的作用。综上所述，在监察体制改革之后，检察院仍有设置人民监督员制度的必要。

2. 人民监督员监督案件的范围问题

在检察机关继续保留人民监督员制度以及相应的机构和人员的情况下，本文觉得人民监督员的监督范围可以扩大，可以扩大到普通刑事案件以及公

---

① 张文显：《论司法责任制》，载《中州学刊》2017 年第 1 期。

② 高一飞：《国家监察体制改革背景下人民监督员制度的出路》，载《中州学刊》2018 年第 2 期。

益诉讼案件、重大刑事案件。这种扩大不仅对于检察机关的工作是一种监督，也间接影响了公安机关的办案质量。将使得该项制度真正成为诉讼中的一环，成为当事人和律师中的一个重要选项，并可以发挥权益救济和监督的作用。具体来说，人民监督员的监督范围可以包括以下几个方面：

一是对公诉权的监督，包括普通刑事案件的不起诉、审判期间的撤回起诉。在司法责任制改革后，为了在放权给检察官的同时加强对检察官的监督制约，应该发挥人民监督员制度所独有的外部监督的作用，保障办案质量，实现司法公正。尤其是对于普通刑事案件的不起诉、审判期间的撤回起诉，因为不起诉和撤回起诉终结了案件的继续进行，对当事人和犯罪嫌疑人的影响巨大，而且没有后续法院的审判制约，所以此时应发挥人民监督员的外部监督作用。

二是对审查逮捕的监督。包括社会影响较大、公众关注度较高的案件的审查逮捕、捕后取保候审、捕后改变强制措施案件的监督。

三是对诉讼监督权的监督。包括社会影响较大的申诉案件不予抗诉，不予受理。当事人认为公安机关对其控告的案件应当立案而不立案，向检察机关提起监督申请，检察机关拟不支持监督申请的。当事人认为法院生效裁判确有错误，向检察机关申诉，检察机关经复查拟不支持的。

四是对公益诉讼的监督，引入人民监督员制度，可使检察机关借助外力化解各方面的不当干扰，为提起诉讼，解决问题创造良好的舆论环境，也可监督检察机关充分行使提起公益诉讼权。

五是对重大刑事案件的监督。检察机关办理重大个案以及涉及群体性利益、公共利益的涉众性案件、有重大社会影响的案件时，可以邀请人民监督员全程参与。可以防范冤假错案的发生，增加检察机关执法办案的民主性和透明性。

上述人民监督员对审查逮捕的监督、对诉讼监督权的监督、对公益诉讼的监督、对重大刑事案件的监督都是着眼于这些案件都是社会影响较大、公众关注度较高的案件，这些案件因为社会影响较大、公众关注度较高，民众比较关心，争议也较大，此时为了实现司法民主的原则，发挥民众参与司法、监督司法的作用，需要人民监督员的参与。尤其是对于公益诉讼的监督，因为公益诉讼的案件一般都是对国家利益、社会公共利益有重大影响的案件，为了维护社会公益，更需发挥民众参与司法的监督作用，也能更好地实现人民民主。

第四章　检察人员司法责任制改革之责任 认定与追究机制

一、监督管理责任

在司法责任制改革的过程中，部分检察人员对案件质量终身追责持保留态度和迟疑看法，认为对办案检察官的追责过于严苛，司法改革所追求的权责利相统一的目标尚未达到。因此在司法责任制的落实过程中，部分检察人员对该项改革内心存在抵触情绪和消极态度。其实从大多数国家经验和中国司法实践来看，对司法责任包括错案责任的界定基本都坚持主观过错与客观行为相一致、责任与处罚相匹配的原则。司法责任制改革应是赋权和追责的统一体，追求权责一致的目标。根据《若干意见》的规定，司法责任追究主要是对检察官在办案中存在故意或重大过失，造成严重后果或恶劣影响等情况的追责，司法责任分为故意违反法律法规责任、重大过失责任和监督管理责任三种类型。《若干意见》构建了检察人员司法责任体系，明确了检察人员司法责任包括故意违反法律法规责任、重大过失责任和监督管理责任三种。那么，如何理解这三种司法责任的构成要件？对这三种司法责任应当怎样进行认定和追究呢？对于前两种司法责任，《若干意见》规定了主客观相统一的追责原则，确立了追责的行为标准、结果标准等，并且规定了相关的认定和追究程序，从而使得这两种司法责任的认定和追究得以落实。然而，《若干意见》对监督管理类司法责任的认定和追究只字不提。

从各个省份检察人员司法责任制的改革实践来看，有的省份已经注意到监督管理责任的问题。如吉林省检察机关在办案责权清单中规定，"责权清单中的责任分为管理监督责任和承办责任"，从这两个基本要义出发，他们划分了七类司法办案主体，分别为检察长、检察委员会、副检察长、部门负责人、主任检察官、检察官和检察辅助人员，从而覆盖了办案过程中的各类行权主体，并且根据内部层级权限，设定了与不同层级、不同主体相对应的管理监督责任和办案责任，实现了责任全覆盖、无一遗漏。《吉林省检察机关办案责任制暂行规定》中要求，"检察长对全院办案工作进行监督"，"副检察长对所分管的办案工作是否全面履行了法律监督职责承担管理监督责任，对直接承办的具体案件承担承办责任"，"检察委员会在讨论中不能仅作同意与否的简单表态，应清晰表明意见、充分阐明理由，并就自己的意见承担相应的责任"，同时还规定"部门负责人未经检察长授权，不再对案件进行审核把关"，"对授权由主任检察官办理并作出决定的案件，分管检察长可以提出自己的意见，主任检察官不接受的，可以报检察长或者检察委员会决定，但不能直接改变案件结论"，"检察官对案件的法律适用、案件处理提出明确意见，并就自己的意见承担责任"。吉林省检察机关对办案责任的定义不再局限于狭义上的承办责任，而是包括了管理监督责任，这种做法有利于督促与司法办案相关的各类主体各司其责、勤勉履职，将检察官办案责任制与检察长负责制统一起来。但是这些省份的改革实践也仅仅是简单规定了检察长、副检察长应该承担相应的监督管理责任。但监督管理责任的概念是什么，监督管理责任的性质是什么，监督责任和管理责任有什么不同，这些问题在吉林检察改革的文件中并未有效体现。

检察院奉行检察一体的原则，检察长统一领导各项工作，院领导的监督管理是检察权运行机制的重要内容。为了更好地贯彻检察一体的原则、明晰权责关系，应该对监督管理责任加以研究。本部分内容重点关注司法责任中的监督管理责任。

（一）监督管理责任的概念

《若干意见》对监督管理责任的概念进行了界定，即认为监督管理责任是指负有监督管理职责的检察人员因故意或重大过失怠于行使或不当行使监督管理权，导致司法办案工作出现严重错误而应当承担的司法责任。监督管理责任包括监督责任和管理责任，区分这两种责任关键看监督管理的对象主要是行政性事项还是司法性事项。管理的对象主要是行政性事项，管理方跟被管理方所体现的主要是上下隶属、上命下从关系，而监督主要是司法性事项，跟被监督方所体现的主要是彼此独立、相互制约的关系。① 因此监督管理责

---

① 朱孝清：《试论监督管理责任》，载《人民检察》2016 年第 12~13 期。

任将监督责任和管理责任放置在一起，但二者还是有所不同。检察院内部的司法监督管理权是客观存在的，有权就应当有责任。监督管理权中的管理权所体现的是管理者与管理对象之间纵向的决定与服从关系，管理的内容主要是行政事务，而监督权主要是上命下从关系，监督的内容主要是司法业务中的实体和程序事项。① 现阶段在突出检察官的办案主体地位的基础上，加强对检察官办案的监督制约是必要的，二者的最终目标都是为了实行公平正义。

（二）监督管理责任的性质

在《若干意见》中，虽然监督管理责任和故意、过失责任一并规定，然而监督管理责任和故意、过失责任并不是并列关系，二者是按照不同的标准对检察人员司法责任制所进行的划分。其中故意、过失责任是按照主观方面的不同对司法责任的分类，而监督管理责任与办案责任是按照责任主体和责任内容的不同对司法责任的区分。监督管理责任的主观方面既可以是故意，也可以是过失。因此，监督管理责任不应与故意、过失责任相并列，而应与办案责任相对应。由此需要注意区分监督管理责任和办案责任。首先，二者的主体不同。办案责任的主体是直接履行检察职权的检察人员，检察长、检察委员会、检察官都可以直接办案并拥有办案决定权，检察官助理不具有办案决定权，但可以协助检察官办案，在相应的办案职权内承担责任。而监督管理责任的主体是指拥有监督管理权的上级院、检察长、部门负责人等。当然检察长既可以作为办案责任的主体，也可以履行监督管理职能，承担监督管理责任。其次，二者的权力性质不同。检察长的角色具有双重性，即检察官角色和检察院检察一体的管理角色。按照目前我国法律的规定，检察长是唯一拥有完整检察权的主体，检察官所行使的办案决定权以及业务部门负责人所享有的监督制约权力都是检察长授予的，由此形成办案责任与监督管理责任的分野。但办案决定权是一种司法性权力，是检察长的检察官角色的体现，而监督管理权是对司法权的管理和监督，是检察长的管理者角色的体现。最后，二者的责任性质不同。办案责任是一种司法责任，是履行司法职权过程中所承担的不利后果。而监督管理责任则比较复杂，因为在监督管理中，管理的对象主要是行政性事项，管理方跟被管理方所体现的主要是上下隶属、上命下从关系，所以管理责任应该是一种行政责任。而监督管理中的监督主

---

① 朱孝清：《错案责任追究与豁免》，载《中国法学》2016 年第 2 期。

要针对的是司法性事项，监督方跟被监督方所体现的主要是彼此独立、相互制约的关系，所以应该是一种司法责任，特别是检察长改变检察官的办案决定所产生的责任，应是一种司法责任。

二、惩戒主体问题

（一）检察官惩戒委员会的性质定位

《检察官法》虽然设有"惩戒"专章，但并未对惩戒主体和惩戒程序作出规定，司法责任制改革前检察官惩戒的主要规则依据是最高人民检察院2000年颁布的《人民检察院监察工作条例》和2004年颁布的《检察人员纪律处分条例（试行）》，基本程序是由检察机关纪检监察部门调查、审议检察官违纪行为，"报请本院主管副检察长或者检察长审查或者提交检察长办公会审议"（《人民检察院监察工作条例》第59条）。对检察官违纪行为的审议由检察机关纪检监察部门负责。同时，由于绝大部分检察官都有党员身份，一旦违反党纪，根据"党管干部"的原则，按照党员干部分级管理规定，也要接受党的纪律监察部门在检察机关派驻机构的调查，由检察机关党委作出处分决定。总体而言，检察官处分程序是追究检纪和党纪的双轨制处分程序，行政化色彩较强，与一般公务员处分程序没有本质区别。① 由此可见，之前检察官惩戒呈现出两个显著特点：内部性和行政性。即有关检察官惩戒程序中的调查权、决定权都由检察院来承担，而且调查权、认定权和决定权没有分离，都由检察院这一主体行使，未体现控审分离的原则，而是按照行政化的模式处理的，从而导致对检察官的惩戒和一般公务员的处分程序没有本质区别。正是由于考虑到检察官惩戒所体现的内部性和行政性的特点，正是鉴于检察官惩戒内部性特点所带来的检察官惩戒缺乏中立性、权威性和可信性的弊端，正是基于检察官惩戒行政性特点没有体察到检察官惩戒所具有的特殊性和专业性的不足，新一轮司法责任制改革推出了检察官惩戒制度。《若干意见》第42条规定："人民检察院纪检监察机构受理对检察人员在司法办案工作中违纪违法行为和司法过错行为的检举控告，并进行调查核实……"第43条规定："人民检察院纪检监察机构经调查后认为应当追究检察官故意违反法律法规责任或重大过失责任的，应当报请检察长决定后，移送省、自治区、直辖市检

---

① 葛琳：《检察官惩戒委员会的职能定位及其实现》，载《法学评论》2018年第2期。

察官惩戒委员会审议。人民检察院纪检监察机构应当及时向检察官惩戒委员会通报当事检察官的故意违反法律法规或重大过失事实及拟处理建议、依据，并就其故意违反法律法规或重大过失承担举证责任。当事检察官有权进行陈述、辩解、申请复议。检察官惩戒委员会根据查明的事实和法律规定作出无责、免责或给予惩戒处分的建议……"第 44 条规定："……（一）应当给予停职、延期晋升、调离司法办案工作岗位以及免职、责令辞职、辞退等处理的，由组织人事部门按照干部管理权限和程序办理；（二）应当给予纪律处分的，由人民检察院纪检监察机构依照有关规定和程序办理……"

由此可见，检察官惩戒中的相关职权如调查权、审议权和决定权采取的是分立模式，即调查权归检察院内部的纪检监察部门，检察官惩戒委员会是对检察官是否应该承担责任进行审议并且作出处分建议的机构，而最终的决定权在检察院手里，由检察院纪检监察机构办理或者由检察院组织人事部门处理。2016 年 7 月 22 日，"两高"联合印发《关于建立法官、检察官惩戒制度的意见（试行）》，该文件第 3 条明确规定："法官、检察官惩戒工作由人民法院、人民检察院与法官、检察官惩戒委员会分工负责。人民法院、人民检察院负责对法官、检察官涉嫌违反审判、检察职责行为进行调查核实，并根据法官、检察官惩戒委员会的意见作出处理决定。"该文件有关检察官惩戒的内容跟《若干意见》有关检察官惩戒的内容一脉相承。检察官惩戒中的调查权、审议权和决定权仍然由不同的主体承担，而且检察官惩戒委员会的职责仍是对检察官司法办案过程中是否存在违反职责的行为提出专业意见，并且据此提出处理意见。

由此可见，我国检察官惩戒委员会是在省一级设立的、独立的第三方非常设机构，但并非最后实施检察官惩戒的权力机构，而是负责对检察官在检察工作中违反法律法规、实施违反检察职责的行为进行司法责任评定的机构。①

第一，检察官惩戒委员会是独立的第三方非常设机构，具有中立性，其本身不是权力机关，也不隶属于任何权力机关。这是针对以前检察官惩戒具有内部性的特征，从而使得检察官惩戒具有同体监督的倾向以及由此带来的检察官惩戒缺乏中立性和权威性的弊端问题，而提出的解决问题之道。行政

---

① 郑红：《构建检察官惩戒委员会制度应厘清五个问题》，载《人民检察》2017 年第 1 期。

监察与行政惩戒的权限可以合一行使，这种做法有利于提高行政效能，与此不同，在诉讼程序中，公正取代效率成为最优位价值追求，法院监察应致力于维护司法公正。由国会行使对司法官的惩戒权是主流法治国家的通行做法，如美国、日本、澳大利亚等国对法官的弹劾均是由国会或者国会议员组成的弹劾机构实施的，域外法官惩戒程序可以为我们所借鉴。[①] 对法官的惩戒如此，对检察官的惩戒也是如此。

第二，检察官惩戒委员会是检察官司法责任的专业评定确认机构。检察官惩戒委员会应该在查明事实的基础上，依照相关规定对检察官在具体司法行为中是否存在故意或重大过失、应否承担责任以及承担责任的范围、方式作出评定，并出具审查意见，提交涉事检察官所在单位的纪检监察部门处理。这样的制度安排将检察官惩戒和一般公务员的惩戒区分开来，凸显了检察官惩戒中的特殊性和专业性色彩。也即这样的制度安排尊重了司法职业本身的专业性，遵循了司法人员履职的基本规律，突出了检察官专门的职业要求和职业伦理，从而使得检察官是否需要承担司法责任有了专业人士的专业判断。因此，在检察官惩戒委员会的功能取向上，既应让其发挥"紧箍咒"的作用，又应让其发挥"护身符"的作用。[②] 即通过检察官惩戒委员会加强检察官惩戒工作，落实"让审查者决定，让决定者负责"的司法责任制，从而实现权责一致的司法责任制改革的目标，最终实现公平正义。同时，检察官惩戒委员会又要发挥好"护身符"的作用，严格遵守客观公正、过责相应、惩护兼顾、公开透明的原则，确保检察官履行检察职责，非因故意或重大过失，非因法定事由，非经法定程序，免受责任追究，从而保障检察官依法履行职权。

（二）监察体制改革后检察官惩戒委员会存在的必要性问题

成立监察委员会是为了实现对所有行使公权力的公职人员监察全覆盖。按照国家监察部副部长肖培的说法，监察范围包括六大类人员，第一，包括《公务员法》所规定的国家公职人员，包括党的机关、人大机关、行政机关、政协机关、审判机关、检察机关、民主党派机关、工商联机关的公务员，以及参照公务员管理的人员；第二，由法律授权，或者由政府委托来行使公共

---

① 徐静村、潘金贵：《法官惩戒制度研究——兼论我国司法弹劾制度的建构》，载《公法研究》，商务印书馆 2004 年版。

② 曾翀：《建立新型检察官惩戒委员会制度》，载《人民检察》2017 年第 12 期。

事务职权的公务人员；第三，国有企业的管理人员；第四，公办的教育、科研、文化、医疗、体育事业单位的管理人员；第五，群众自治组织中的管理人员；第六，其他依法行使公共职务的人员。由此可见，监察委制度全面推行后，全国范围的法官、检察官将会无一遗漏、毫无例外地身处监察委的监察之下。届时，监察委的职能与权力也将会扩大。这从全国人大常委会授权改革试点决定就可看出端倪。《全国人民代表大会常务委员会关于在北京市、山西省、浙江省开展国家监察体制改革试点工作的决定》中明确提出，试点地区监察委员会按照管理权限，对本地区所有行使公权力的公职人员依法实施监察；履行监督、调查、处置职责，监督检查公职人员依法履职、秉公用权、廉洁从政以及道德操守情况，调查涉嫌贪污贿赂、滥用职权、玩忽职守、权力寻租、利益输送、徇私舞弊以及浪费国家资财等职务违法和职务犯罪行为并作出处置决定，对涉嫌职务犯罪的，移送检察机关依法提起公诉。

　　一个突出的问题应该提前作出考虑：检察院原先的自侦权转隶后，在监察委时代，对从事司法办案的法官、检察官，应当如何惩戒？检察官惩戒委员会的职能是什么？检察官惩戒委员会是否还有存在的必要？在监察委改革试点之前，为了促进法官、检察官依法行使职权，落实法官、检察人员司法责任制，中央有关部门及"两高"制定出台了一系列的文件，就法官、检察官在审判、检察工作中违反法律法规，实施违反审判、检察职责的行为如何进行惩戒处理，作出了较为详细具体的规定。例如，明确在省（自治区、直辖市）一级设立法官、检察官惩戒委员会，人民法院、人民检察院负责对法官、检察官涉嫌违反审判、检察职责行为进行调查核实，并根据法官、检察官惩戒委员会的意见作出处理决定。但是，这是在监察委改革试点之前作出的规定、提出的对策，当时检察机关尚拥有职务犯罪侦查权，法检机关还存在纪检监察部门，如今监察委正在试点，国家监察法已经通过，法检的纪检部门面临转型存在变数，而全面推行监察委员会又势在必行，法官、检察官惩戒委员会制度显然还未经建立成熟，便走到了令人茫然无措的十字路口。法官、检察官的职务违法犯罪行为，如何进行调查核实，由谁进行调查核实，由谁作为主导部门进行调查核实，监察委员会与惩戒委员会应该不应该建立查处及处置的分工机制，如何建立，检察官惩戒委员会的职能是什么，检察官惩戒委员会是否还有存在必要，惩处与保护又如何均衡，等等，这一系列的问题，在推进监察委改革及司法改革的过程中，属于必然会遇到的问题。

按照现在的相关规定，检察官惩戒中的调查权应由检察院内部的纪检监察部门行使，但是随着监察体制改革的推进，检察院的纪检监察部门应该会一起转隶到监察委员会，原先检察院纪检监察部门所承担的调查检察官是否应该承担司法责任的权力也应一并归监察委员会行使。同时，按照《关于建立法官、检察官惩戒制度的意见（试行）》第10条规定："法官、检察官违反审判、检察职责的行为属实，惩戒委员会认为构成故意或者因重大过失导致案件错误并造成严重后果的，人民法院、人民检察院应当依照有关规定作出惩戒决定，并给予相应处理。（一）应当给予停职、延期晋升、免职、责令辞职、辞退等处理的，按照干部管理权限和程序依法办理；（二）应当给予纪律处分的，依照有关规定和程序办理……"若检察院的纪检监察部门一起转隶到监察委员会后，对于纪律处分的，应该由监察委员会作出。

也就是说，在检察院的纪检监察部门一起转隶到监察委员会后，监察委员会应该调查检察官是否违反检察职责、是否应该承担司法责任，同时，还有权对检察官作出相应的纪律处分。也即在检察官惩戒中，监察委员会既有调查之权同时又有决定之权。这时便存在一个问题：设立惩戒委员会的重要原因是原先检察官惩戒存在同体监督、内部监督的问题，缺乏中立性、独立性和权威性。随着监察体制改革的全面展开，检察院的纪检监察部门一起转隶到监察委员会后，因监察委员会兼具检察官惩戒的调查之权和决定之权，那么原先检察官惩戒中存在的同体监督、内部监督问题在很大程度上会改善，检察官惩戒中立性、独立性和权威性缺失的问题在很大程度上也会解决。那时，检察官惩戒委员会存在的必要性何在呢，那时检察官惩戒委员会的职权应作何安排呢？

本文认为，按照上文所述，检察官惩戒委员会在检察官惩戒中并无调查之权和决定之权，而是独立的第三方非常设机构，是检察官司法责任的专业评定确认机构。因此，在检察官惩戒程序中，惩戒委员会是一个审议性质的专业机构。在监察体制改革中，在检察官惩戒的调查权和决定权主体发生变更之后，影响到的是检察官惩戒中的调查和决定，但这些变化不会影响检察官惩戒委员会是检察官司法责任的专业评定确认机构这一定位，检察官惩戒委员会的职权仍和原先一致。同时，本文认为，检察官惩戒委员会仍有存在的合理性和必要性，具体来说：

第一，虽然由监察委员会行使检察官惩戒中的调查权和决定权，在很大程度上会解决原先检察官惩戒中存在的内部性监督、同体监督的弊病，但是原先检察官惩戒中存在的另一个重要问题，即检察官惩戒并未尊重司法规律、并未体现检察官特有的职业性和专业性的问题，并未得到实质性改善。也即，检察官惩戒和一般公务员惩戒还是未有本质区别。司法责任之所以是一种独立存在的责任类型，与司法职业的特殊性密切相关。司法职业相对于其他职业而言是一种专业性、主观性很强的职业，关系每个当事人的基本权利义务，但即使司法人员恪尽职守、正常履职，也还是有可能出现各种事实认定错误和判断错误，如果单纯根据结果无限追责，会导致司法人员不敢或不愿发挥主观能动性去正当履职，从而影响整个司法职业的稳定性和公信力。[①] 因此，为了尊重司法职业本身的专业性，遵循司法人员履职的基本规律，突出检察官专门的职业要求和职业伦理，从而使得检察官是否需要承担司法责任能有专业人士的专业判断，还需发挥检察官惩戒委员会的专业作用。因为检察官惩戒委员会是检察官司法责任的专业评定确认机构。

第二，在检察院的纪检监察部门一起转隶到监察委员会后，检察官惩戒的调查权和决定权便集中到监察委员会手中，虽然监察委员会着眼于公职人员违反党纪政纪甚至职务犯罪全景式的监督，并且这种经过反腐败整合后的全景式的监督有利于提高监督的质效，提高追究责任的效率和力度。但是如此一来，检察官惩戒中的实质性权力便掌握在监察委员会手中，而检察官惩戒委员会行使的不过是审议之权，不过是对检察官惩戒作出处理的意见。由监察委员会行使调查之权和决定之权，不符合权力制约的原则，监察委员会在检察官惩戒中显得尤为位高权重。在这种情况下，就更需要检察官惩戒委员会通过对检察官是否承担司法责任所进行的专业评定确认活动发挥对监察委员会的监督作用，通过对检察官是否需要承担司法责任所进行的专业判断来制约监察委员会的活动。尤其是在监察体制改革之后，监察委员会的职能与权力扩大却缺乏有效制约和监督的背景下，[②] 为了在依法惩戒检察官的同时保障检察官依法履职，免除检察官的后顾之忧，实现检察官监察和惩戒的目标，更需发挥惩戒委员会的专业评定作用。

当然这里还有问题，如出现错案后，先由惩戒委员会进行审议，然后向

---

① 葛琳：《检察官惩戒委员会的职能定位及其实现》，载《法学评论》2018 年第 2 期。

② 童之伟：《对监察委员会自身的监督制约何以强化》，载《法学评论》2017 年第 1 期。

监察委员会提交审议意见呢，还是监察委员会直接有权对检察官是否应该承担司法责任进行调查？包括惩戒委员会在目前的制度设计中仅仅是对检察官是否应承担司法责任进行专业判断的审议认定机构，并不具备最终的处理决定权。那么监察委员会若完全不尊重惩戒委员会的审议意见，惩戒委员会存在的必要性和意义便存疑。另外，监察体制改革之后，监察委员会兼调查权和决定权于一体，本来监察委员会的权限就非常大且缺乏有效监督和制约，若监察委员会对检察官惩戒委员会的审议意见和处理意见完全不理睬，那么惩戒委员会如何发挥效用则是很大的问题。在以后的改革中可以考虑增加检察官惩戒委员会的权力，让检察官惩戒委员会在检察官惩戒中发挥更加实质性的作用。从世界范围看，各国出于对检察权性质与检察官组织模式的综合考量，检察官惩戒的权柄都没有掌握在单一机关手中，一般都是检察机关与第三方共同行使检察官惩戒权限。① 而且从西方发达国家的经验来看，检察官惩戒委员会和检察院的纪检监察部门在检察官惩戒中有着不同的权限。对于检察官惩戒委员会与纪检监察部门之间的权限，可以根据不端行为的严重程度以及可能被处于的惩戒措施，予以适当分配，具体而言：对于可能适用危及检察官身份（降级、撤职、开除）惩戒措施的案件，则由检察官惩戒委员会予以处理；对于可能适用"责令纠正、限期改进、通报批评或者责令写出检讨、警告等"非危及检察官身份惩戒措施的案件，则由纪检监察部门予以处理。② 我国以后是否应该借鉴这种做法，实质性地增强检察官惩戒委员会的权限，从而使得检察官惩戒委员会发挥更大作用呢？尚待考察。同时，我国监察委员会的监察覆盖了检察官，如何既能发挥检察官惩戒委员会的实质性作用同时又不影响监察委员会对所有行使公权力的公职人员监察全覆盖，这是一个需要考虑的问题。

（三）检察官惩戒委员会的具体设置问题

还有一个需要考虑的问题是检察官惩戒委员会的设置问题，即检察官惩戒委员会设置于人大还是省级检察院。有的观点认为，应该将检察官惩戒委员会设置于人大下面，这符合我国的宪法体制，体现了对检察官惩戒的统一

① 邹梅珠：《我国检察官惩戒制度的改革困境及其应然走向》，载《江汉论坛》2017年第5期。

② 邹梅珠：《我国检察官惩戒制度的改革困境及其应然走向》，载《江汉论坛》2017年第5期。

性,避免了检察官纪律惩戒的多级化与地方化,兼顾了我国地域辽阔的特点。[①]有的则认为随着省院统管人财物的改革,可以以此为契机以省级院为单位构建统一的司法官纪律惩戒委员会。[②] 即该种观点认为,应将检察官惩戒委员会设置于省级检察院。第一种观点之所以将检察官惩戒委员会设置于人大,一个重要原因是若将检察官惩戒委员会设置于省级检察院,那么无论其人员构成如何,实际上是很难真正做到独立调查和决定的,几乎相当于省级检察机关的内设部门。无论是检察机关内部决策层,还是惩戒委员会和内设的监察部门,都属于内部惩戒,这也就无法摆脱同体监督在独立性上的先天不足。[③] 因此需要将检察官惩戒委员会设置于人大,这样可以形成同体监督和异体监督相结合的制度设计。然而随着新一轮司法体制改革的展开,省以下人财物统管改革逐步进行,将检察官惩戒委员会设置于省级检察院,在很大程度上已经可以解决检察官惩戒中同体监督的问题。另外,上文已述,在检察院的纪检监察部门一起转隶到监察委员会后,因监察委员会兼具检察官惩戒的调查之权和决定之权,那么原先检察官惩戒中存在的同体监督、内部监督问题在很大程度上会改善。因此,将检察官惩戒委员会设置于人大的必要性降低。另外,因检察官的惩戒权属于检察院人事管理权的组成部分,可以一并由省、辖市、自治区的检察官惩戒委员会统一行使。因此将检察官惩戒委员会设置于省级检察院,由省级检察院行使相应的惩戒权,可以落实省级检察院对省以下两级检察院检察官的人事管理权。

但将检察官惩戒委员会设置于省级检察院也有几个问题需要处理:一是省级检察院享有部分检察官惩戒权,那么需要防止省级检察院通过惩戒权控制或者影响案件的审理结果,从而影响检察官的内心独立,而且异化上下级检察院之间的关系,防止上下级检察院内部行政化趋势加重。二是在各级法院的司法管理体制中,纪检监察部门与案件管理部门是法院控制法官办案质量、防止法官出现差错的中枢系统。这两个中枢系统是法院院长在维持案件质量方面所仰仗的主要力量。假如废止这两个中枢系统,暂且不说会遭遇政

① 邓辉、谢小剑:《责任与独立:检察官纪律惩戒的双重维度》,载《环球法律评论》2010 年第 5 期。

② 陈卫东:《合法性、民主性与受制性:司法改革应当关注的三个"关键词"》,载《法学杂志》2014 年第 10 期。

③ 陈鹏飞:《我国检察官惩戒制度研究》,载《西部法学评论》2017 年第 4 期。

治上的风险，法院就连能否确保案件不出实体上和程序上的差错，都没有多大把握。[①] 法院如此，检察院也是如此。监察体制改革之后，纪检监察部门不再隶属于检察院，检察官惩戒的调查之权和决定之权归属于监察委员会，检察院已经失去纪检监察部门这一维持案件质量的重要抓手。检察官惩戒委员会是检察官司法责任的专业评定确认机构，若检察官惩戒委员会再设置于省级检察院，那么检察官惩戒程序中的所有权力，包括受理举报投诉、立案、调查核实、审查认定、提出处理意见、作出决定等，都与检察官所在的检察院无关。即检察官所在的检察院对于检察官惩戒不行使任何权力。但检察官所在的检察院对于检察官办案过程中是否存在违反检察职权最有发言权，在调查、审核方面具有优势，但这种优势现在却无从发挥。而且最重要的是检察官所在的检察院如何落实对检察官人事方面的管理存在困难。这些问题在以后改革中需要引起注意。

三、检察官助理的司法责任问题

检察人员司法责任制的改革目标是建立权责一致的检察权运行体系，根据权责一致的原则，在放权给检察官、突出检察官的办案主体地位的同时，办案检察官应在职权范围内对办案质量负责。因此办案检察官应该对案件结果负责，而检察技术人员以及书记员则只对自己的行为负责，因为他们从事的都是与检察活动有关的事务性的工作。书记员主要承担案件记录、文件归档以及检察官、检察官助理交办的事项，与检察官助理相比，书记员的辅助工作更具有事务性、程序性，已经不再参与案件的实体办理。检察技术人员是以专业活动辅助办案，如法医鉴定、文件检验、司法会计鉴定等，专业性较强。而检察官助理承担的辅助事务是最接近检察官职能的办案事务，是检察官最得力的办案助手，也是检察官的重要储备力量，与检察官具有一定的同质性。[②] 但是存在问题的是检察官助理是否应该对办案结果承担责任。有的认为检察官助理和书记员、检察技术人员一样，都属于检察辅助人员的组成部分，所起的作用仅是辅助办案而不是直接办案，因此不应对错案负责。而有的则认为，检察官助理和书记员、检察技术人员虽然都是辅助检察官办

---

① 陈瑞华：《法官责任的三种模式》，载《法学研究》2015年第4期。

② 高宗祥：《检察辅助人员辅助办案机制检视》，载《人民检察》2017年第7期。

案，但检察官助理和书记员、检察技术人员在辅助办案中所承担的职责并不相同，检察官助理承担的职责更侧重业务性，已经实质性地介入案件实体办理中，也即参与办案。因此，检察官助理和检察官具有一定的同质性，他们都实质性地参与了案件的办理。检察官辅助办案的活动会对案件的办理结果产生影响，因此检察官助理也应对错案结果负责，承担相应的责任。

要弄清检察官助理是否应该对错案结果负责，第一应该看检察官助理实际承担的职责是什么。最高人民检察院《若干意见》中规定：检察官助理在检察官的指导下履行以下职责：（1）讯问犯罪嫌疑人、被告人，询问证人和其他诉讼参与人；（2）接待律师及案件相关人员；（3）现场勘验、检查，实施搜查，实施查封、扣押物证、书证；（4）收集、调取、核实证据；（5）草拟案件审查报告，草拟法律文书；（6）协助检察官出席法庭；（7）完成检察官交办的其他办案事项。而《若干意见》第17条规定了检察官的职权：检察官依照法律规定和检察长委托履行职责。检察官承办案件，依法应当讯问犯罪嫌疑人、被告人的，至少亲自讯问一次。下列办案事项应当由检察官亲自承担：（1）询问关键证人和对诉讼活动具有重要影响的其他诉讼参与人；（2）对重大案件组织现场勘验、检查，组织实施搜查，组织实施查封、扣押物证、书证，决定进行鉴定；（3）组织收集、调取、审核证据；（4）主持公开审查、宣布处理决定；（5）代表检察机关当面提出监督意见；（6）出席法庭；（7）其他应当由检察官亲自承担的事项。两相对比可以发现，检察官助理确实实质参与办案，而且检察官助理的职责相当广泛，从讯问犯罪嫌疑人到相关事实认定、证据采用甚至可以草拟审查报告和法律文书。但对比同样明显的是检察官助理虽然全程参与办案，但是对于强调司法亲历性的职权，检察官必须亲自办理，检察官助理的参与不能代替检察官的亲历。对比同样明显的是检察官具有办案决定权，而检察官助理只是参与办案，却无办案决定权。

因此，检察官助理虽然实质性地并且广泛参与案件办理活动，但检察官助理在办案上不具有独立性：一是只享有案件办理的具体事务承办权，而不享有决定权；二是具体承办权如何行使，受制于检察官的指挥与领导，如收集调查核实哪些证据、如何收集调查核实证据，都要听从于检察官。[①] 因此在具体的办案活动中，检察官和检察官助理的关系是一种主从关系而不是主

[①] 高宗祥：《检察辅助人员辅助办案机制检视》，载《人民检察》2017年第7期。

次关系，检察官助理受制于检察官的指挥和领导。检察官助理只能以检察官的名义从事检察办案活动，最终的司法文书署名时应署承办检察官的名字。不管检察官助理在办案时介入多深，对案件办理结果影响多大，在性质上终究是辅助办案，不具有独立性。[①] 因此，从权责相一致的原则看，既然检察官助理并不具备真正意义上的办案决定权，并且也无权在最终的司法文书上面署名，那么就不应追究检察官助理的错案责任。另外，从权责利相统一的视角看，也不应追究检察官助理的错案责任。新一轮司法改革的基本目标是实现"权责统一"，归责的前提是还权给司法人员。然而任何一项改革都必须是正向激励和反向惩罚之间的动态平衡，而不能片面强调任何一个方面，否则会影响到相关利益群体的积极性。[②] 因此，司法责任制改革应在放权给检察官的同时，对检察官形成利益的正向激励，然后才能落实错案责任终身追究制。而对于检察官助理也是如此，员额检察官与检察官助理在待遇问题上，由于身份职务不同而分属不同序列，并且在不同的序列之中适用的薪酬分配机制也不一样。同一规则范围内的入额检察官的待遇通常在起点和晋升等方面明显高于检察官助理，层级差别十分明显，容易造成共同工作的检察官办案组中的检察官助理心理不平衡。[③] 另外，由于检察官助理职责相当广泛，全程参与办案，所以在实践中，有的检察官助理深度参与案件的办理，检察官助理的办案任务繁重，工作压力大，而且检察官助理的职业前景并不明朗，检察官助理成为员额内检察官的通道并不顺畅。若检察官助理并无办案决定权，同时又没有形成利益的正向激励，职业前景不确定性大，却要检察官助理承担错案责任，这样便违反了权责利相统一的原则。

第二，不让检察官助理对错案结果负责可以督促检察官复查、监督检察官助理的检察辅助工作，保障检察官亲历性的实现，防止检察权运行出现新的偏差。由于检察官助理的检察辅助工作不会导致错案责任的承担，错案责任最终会归咎于承办案件的检察官。这迫使检察官不得不投入更多的精力和时间对助理完成的检察辅助工作进行复查监督，避免因辅助失误启动追责程

---

① 马英川：《检察人员分类管理制度研究》，载《法学杂志》2014 年第 8 期。

② 陈虎：《逻辑与后果：法官错案责任终身制的理论反思》，载《苏州大学学报（哲学社会科学版）》2016 年第 2 期。

③ 杨春磊：《司法改革背景下员额检察官与检察官助理关系探析》，载《江汉大学学报（社会科学版）》2017 年第 2 期。

序。① 但这种压力也促使办案检察官得以亲历案件，从而落实司法审判直接言词原则的要求。而且司法责任制改革的实质就是放权给检察官以实现权责相适应，从而该改变过去检察权运行中普遍存在的"三级审批制"的弊端，还原检察权运行的本来面向。否则检察官可能会基于跟检察官助理之间形成的这种主办及协办的主从关系，在办案中更多只是指挥、管理检察官助理办案，将具体办案中的各项具体工作推脱给检察官助理承担，要求检察官助理独自完成本应由检察官亲自承担的询问关键证人、组织实施搜查和出庭支持公诉等核心工作。这样在办案活动中，检察官和检察官助理之间主办与协办的主从关系变演变成原先检察权运行中普遍存在的层层审批制关系，检察权运行形成了新的科层制模式，而检察官和检察官助理形成了新的"上命下从"的关系。

当然，检察官助理不直接对办案结果负责，并不意味着不承担任何责任。也即检察官助理必须对自己辅助办案的行为负责，只要其自身行为违反相关规定，存在不当或失范，不管案件办理结果是否适当，都要承担相应的责任。因此，检察官助理问责的对象应是检察官助理的行为而不是其结果。因为虽然检察官助理的检察辅助工作为检察官判断权的形成提供了重要依据，因而对案件结果产生了相应影响，但毕竟检察官助理不具备办案的决定权，不享有判断权，检察官必须保证其在具体办案中能够做到亲历、亲为，贯彻直接言词原则并最终对案件作出处理决定。因此，从理论上讲，即便检察官助理存在行为不当或失范，但这应该不会影响到案件的最后处理决定，也即检察官助理的行为不当或者失范不影响案件结论的正确性和效力。而《若干意见》第 33 条第 2 款规定：检察人员在事实认定、证据采信、法律适用、办案程序、文书制作以及司法作风等方面不符合法律和有关规定，但不影响案件结论的正确性和效力的，属司法瑕疵，依照相关纪律规定处理。因此，检察官助理在工作中的一般过错，应该适用上述规定，即检察官助理因故意或者重大过失，存在行为不当或者失范的，属司法瑕疵，依照相关纪律规定处理。因此，不能简单地说检察官助理不承担任何后果。

虽然检察官助理在辅助办案中存在司法瑕疵也会受到相应的处分，但毕

---

① 屈向东：《"成本—收益"视角下法官员额制改革的博弈问题》，载《理论探索》2016 年第 3 期。

竟检察官助理不对错案结果负责，检察官应对错案结果承担完全责任。为了防止检察官责任过重，防止检察官花费太多时间和精力用于审查、监督检察官助理的检察辅助工作，同时也为了督促检察官助理更规范地履行检察辅助职责，从而更好地保证案件质量，实现最终的司法公正，应该采取以下措施：第一，可将检察官作为检察官助理考核管理的审定者之一，将检察官对检察官助理在业务能力和工作成绩上的评价作为检察官助理人事考核的依据之一，以此加强检察官对其助理人事和待遇上的管理权。第二，在检察机关内部的先进评比活动中，将检察官的意见作为检察官助理参与评比时的参考线索。第三，应赋予检察官对助理的挑选权及解聘权。①

四、惩戒事由问题

（一）官方文件中惩戒事由的相关规定

最高人民检察院于 2007 年颁布了《检察人员执法过错责任追究条例》，该条例认为，执法过错是指检察人员在执法办案活动中故意违反法律和有关规定，或者工作严重不负责任，导致案件实体错误、程序违法以及其他严重后果或者恶劣影响的行为。从该条例的规定来看，执法过错责任追究所针对的行为也是检察人员的执法办案活动。该条例第 7 条规定：检察人员在执法办案活动中，故意实施下列行为之一的，应当追究执法过错责任：（1）包庇、放纵被举报人、犯罪嫌疑人、被告人，或者使无罪的人受到刑事追究的；（2）刑讯逼供、暴力取证或者以其他非法方法获取证据的；（3）违法违规剥夺、限制当事人、证人人身自由的；（4）违法违规限制诉讼参与人的诉讼权利，造成严重后果或者恶劣影响的；（5）超越刑事案件管辖初查、立案的；（6）非法搜查或者损毁当事人财物的；（7）违法违规查封、扣押、冻结款物，或者违法违规处理查封、扣押、冻结款物及其孳息的；（8）对已经决定给予刑事赔偿的案件拒不赔偿或者拖延赔偿的；（9）违法违规使用武器、警械的；（10）其他违反诉讼程序或者执法办案规定，造成严重后果或者恶劣影响的。该条例第 8 条规定：检察人员在执法办案活动中不履行、不正确履行或放弃履行职责，造成下列后果之一的，应当追究执法过错责任：（1）认定事实、适

---

① 杨春磊：《司法改革背景下员额检察官与检察官助理关系探析》，载《江汉大学学报（社会科学版）》2017 年第 2 期。

用法律错误，或者案件被错误处理的；（2）重要犯罪嫌疑人或者重大罪行遗漏的；（3）错误或者超期羁押犯罪嫌疑人、被告人的；（4）涉案人员自杀、自伤、行凶的；（5）犯罪嫌疑人、被告人串供、毁证、逃跑的；（6）举报控告材料或者其他案件材料、扣押款物遗失、损毁的；（7）举报控告材料内容或者其他案件秘密泄露的；（8）矛盾激化，引起涉检信访人多次上访、越级上访的；（9）其他严重后果或者恶劣影响的。该条例第8条的行为到底是在主观故意支配下行使的还是在过失支配下行使的，没有特别明确。不过因该条例第7条和第8条是并列关系，所以第8条的行为应该是过失为之，而不是故意而为。

2014年中央政法委颁布了《关于建立涉法涉诉信访执法错误纠正和瑕疵补正机制的指导意见》，该意见认为，对于政法机关执法办案认定事实错误或事实不清、适用法律不当、办案程序严重违法、处理结果明显不公等，依法应当通过启动法律程序予以纠正或重新作出处理的，应当认定为执法错误。既包括因故意或过失造成的过错，也包括因客观条件限制或对法律法规、案件事实和证据理解认识偏差等形成的差错。该指导意见也认为执法错误是执法办案中的错误。执法错误既包括事实认定错误、法律适用错误，也包括程序错误。

2015年最高人民检察院发布的《若干意见》规定：检察人员应当对其履行检察职责的行为承担司法责任，在职责范围内对办案质量终身负责。司法责任包括故意违反法律法规责任、重大过失责任和监督管理责任。检察人员与司法办案活动无关的其他违纪违法行为，依照法律及《检察人员纪律处分条例（试行）》等有关规定处理。从上述规定来看，该意见也仅将司法责任的追究范围限于检察人员履行检察职责的活动。

2016年最高人民法院、最高人民检察院发布《关于建立法官、检察官惩戒制度的意见（试行）》，该意见第2条第1款规定：法官、检察官在审判、检察工作中违反法律法规，实施违反审判、检察职责的行为，应当依照相关规定予以惩戒。由此可见，该意见也认为检察官惩戒的事由针对的是检察官违反检察职责的行为。

综上分析可以发现，在最高人民检察院以及中央政法委发布的文件中，司法责任追究的对象都是检察官在办案活动中行使检察职权时的不法行为，而这些不法行为既有事实认定方面的不法行为又有法律适用方面的不法行为，还包括程序方面的不法行为。本文主要分析检察官在事实认定方面违反检察职权而被追究司法责任的相关问题。因为近年发生的引起重大社会反响的冤错案件,很少有法律适用错误的,基本上都是事实认定错误,即证据审查判断出了问题。[①]那么,如何判断检察官在办案活动中,在行使检察职权的活动中是否存在不法行为呢?

(二)检察官不法行为的判断规则

如何概括中国法官、检察官的事实认定职责?如何判断法官和检察官在事实认定时是否存在违反职权的不法行为呢?一种概括是,法官应以自由心证的方式认定事实;另一种概括是,法官的职责就是查清事实真相。除了自由心证与查清真相之外,还有一个可以用来概括中国法官事实认定职责的选项,即证据裁判规则。理论上认为,证据裁判是现代证据制度的基本特征,具有统摄整个证据制度的根本原则定位。[②]那么,我国现有的证据裁判规则是什么呢?我国现有的法律规范体系为法官和检察官规定了怎样的职责呢?现有法律和司法解释文件中包含了大量的证据规则,规制的内容非常宽泛,包括证据的法定种类、法定资格要件、证据排除、补强要求、证明责任、证明标准以及对证明力的审查判断等,但是这些规则的法律效力有所差别,有的是强制性的,有的是指导性的,它们为法官设定了不同的职责要求,应予分类讨论。[③]现有的证据规则可以主要划分为强制性证据规则和指导性证据规则两类。这两类证据规则对法官和检察官的职责要求不同,因此,在判断法官和检察官在事实认定时是否存在违反职权的不法行为时,也应区分这两种不同的证据规则,分类讨论、区别对待。在这两类证据规则中,强制性指导规则为规定证据的法定种类和条件的规则。如我国《刑事诉讼法》中规定的几大证据种类的规则就是强制性指导规则。另外《人民检察院刑事诉讼规则(试行)》第260条规定:"讯问犯罪嫌疑人,询问被害人、证人、鉴定人,听取辩护人、被害人及其诉讼代理人的意见,应当由检察人员负责进行。检察人员或者检察人员和书记员不得少于二人。讯问犯罪嫌疑人,询问证人、

---

① 张栋:《中国刑事证据制度体系的优化》,载《中国社会科学》2015年第7期。

② 樊传明:《追究法官审判责任的限度——限行责任制体系内的解释学研究》,载《法制与社会发展》2018年第1期。

③ 樊传明:《追究法官审判责任的限度——限行责任制体系内的解释学研究》,载《法制与社会发展》2018年第1期。

鉴定人、被害人，应当个别进行。"第66条规定："对采用刑讯逼供等非法方法收集的犯罪嫌疑人供述和采用暴力、威胁等非法方法收集的证人证言、被害人陈述，应当依法排除，不得作为移送审查逮捕、批准或者决定逮捕、移送起诉以及提起公诉的依据。"上述这些规定都是强制性证据规则。指导性证据规则并不具备强制适用的效力，而是在法官的证据认定中起到指导性的作用。指导性证据规则的内容也具有多样化特征，如《关于办理死刑案件审查判断证据若干问题的规定》第11条规定："对证人证言应当着重审查以下内容：（一）证言的内容是否为证人直接感知。（二）证人作证时的年龄、认知水平、记忆能力和表达能力，生理上和精神上的状态是否影响作证。（三）证人与案件当事人、案件处理结果有无利害关系。（四）证言的取得程序、方式是否符合法律及有关规定：有无使用暴力、威胁、引诱、欺骗以及其他非法手段取证的情形；有无违反询问证人应当个别进行的规定；笔录是否经证人核对确认并签名（盖章）、捺指印；询问未成年证人，是否通知了其法定代理人到场，其法定代理人是否在场等。（五）证人证言之间以及与其他证据之间能否相互印证，有无矛盾。"该条是有关证人证言采纳时应该查明事项的相关规定。另外，《人民检察院刑事诉讼规则（试行）》第62条规定：证据的审查认定，应当结合案件的具体情况，从证据与待证事实的关联程度、各证据之间的联系、是否依照法定程序收集等方面进行综合审查判断。该条是有关证据审查认定规则的规定。另外，《关于办理死刑案件审查判断证据若干问题的规定》第32条规定："对证据的证明力，应当结合案件的具体情况，从各证据与待证事实的关联程度、各证据之间的联系等方面进行审查判断。证据之间具有内在的联系，共同指向同一待证事实，且能合理排除矛盾的，才能作为定案的根据。"该条是有关证据证明力的相关规则。另外，在我国刑事诉讼法体系中还没有关于证据证明力判断的具体规定，证明力的判断没有统一的标准，为此可参照《最高人民法院关于民事诉讼证据的若干规定》《最高人民法院关于行政诉讼证据若干问题的规定》中的相关规定，依照我国刑事诉讼法体系中有关证明力的相关规定，结合司法实践中人们普遍认可的经验规则以及逻辑判断规则，可以总结出几条有关证据证明力大小的相关规则，如直接证据的证明力优于间接证据，原始证据的证明力优于传来证据，实物证据的证明力优于言词证据，客观证据的证明力优于主观证据等。这些是有关证据证明力大小的相关规则。

强制性证据规则是立法者对不同价值或政策目标的权衡考量——有的时候是在查清事实真相与其他目标之间权衡，有的时候是出于发现真相目标而在不同的证据风险及规制策略之间权衡。法官在具体案件中，对于强制性证据规则，应当强制性地适用法律，执行立法者的既定选择，而对于指导性的证据规则，法官应当认真对待立法者预先设定的指引，但是不能僵化地予以适用，而排斥个案裁量，这些规则的效力是指导性的，而不是强制性的。①本文认为，法官严格按照立法的规定适用强制性证据裁判规则时不应承担司法责任，因为此时法官并不存在违反行使审判职权的不法活动。对于检察官也是如此，若检察官办案时也按照法律规定严格适用强制性证据规则，那么即便出现错案结果，也不应追究检察官的司法责任，因为检察官也并未有违反检察职权的非法活动，而且按照上文的分析，在最高人民检察院以及中央政法委发布的文件中，司法责任的追究的对象都是检察官在行使检察职权的办案活动中的不法行为。也即司法责任追究并不是唯结果论，司法责任追究的对象是检察办案中违反检察职权的不法活动。只有当检察官未严格按照立法的规定适用强制性证据裁判规则时才可能承担司法责任，因为此时检察官存在违反检察职权的不法活动。当然也不是说只要检察官未严格按照立法的规定适用强制性证据裁判规则就一定需要承担司法责任，只要这些违反检察职权的不法活动未影响到案件结论的正确性和效力，就属于司法瑕疵，不应承担司法责任，而是按照纪律规定处理。而对于指导性的证据规则而言，指导性证据规则虽不像强制性证据规则那样具有刚性的证明力，需要法官严格恪守，但是指导性证据规则毕竟为法官审查判断证据提供裁量性指引。而且毕竟这些指导性证据规则已经载入立法中，既然已经载入立法中便彰显了立法者的倾向和态度，即一般情况下法官也应该按照立法者的规定适用指导性证据规则审查认定证据，除非存在个案中具体、合理的根据不适用这些规则，否则就是违反审判职权的行为。检察官在适用指导性证据规则时也是如此。当然，若检察官适用指导性证据裁判规则导致错案发生，也不必然免责。因为强制性证据裁判规则具有刚性的约束力，排除检察官的自我选择自由，但是指导性证据裁判规则并不具有强制适用的效力，更多起到指引作用，并不

---

① 樊传明：《追究法官审判责任的限度——限行责任制体系内的解释学研究》，载《法制与社会发展》2018 年第 1 期。

排斥个案裁量。因此，根据个案的具体情况，若有合理的根据不应适用这些指导性证据裁判规则的，检察官也应审慎地适用，而不是必然适用。这也是强制性证据裁判规则和指导性证据裁判规则的不同效力之处。

第五章　检察人员司法责任制改革之履职保障机制

一、现有检察人员司法责任制履职保障制度的进步之处

《若干意见》有关检察官履职保障的规定比较简单和简略，只规定了"检察官依法履职受法律保护。非因法定事由、非经法定程序，不得将检察官调离、辞退或作出免职、降级等处分。检察官依法办理案件不受行政机关、社会团体和个人的干涉。检察官对法定职责范围之外的事务有权拒绝执行"以及"检察官对法定职责范围之外的事务有权拒绝执行"。仅凭"检察官对法定职责范围之外的事务有权拒绝执行"一句话，却没有其他的制度安排，该条内容能否得到真正执行尚存疑问。

真正对检察官履职保证有实质性规定的文件是 2016 年 7 月"两办"联合发布的《保护司法人员依法履行法定职责规定》(以下简称《规定》)，《规定》从依法独立行使司法权、身份保障、安全保障、物质保障、责任追究、考核考评等方面，弥补司法职业保障机制存在的诸多短板。该规定赋予司法官及司法机关对任何不当干预的拒绝权，明确任何单位或个人不得要求司法官从事法定职责范围以外的事务；将保障对象扩大到司法辅助人员，保障空间拓展到法院及工作时间以外，保障范围延伸到休息权、休假权等权益，并强调对司法人员近亲属的人身及财产保护；细化了对司法官调离、免职、辞退、处分的具体事由、相关程序和救济手段；确立错案责任标准为故意违反法律、法规或者有重大过失导致错案并造成严重后果，追究主体为法官、检察官惩戒委员会，审议错案责任应当听证并保障相关人员陈述、申辩的权利，同时建立不实举报的澄清及责任追究机制；强调考核机制应符合司法规律、法定职责与职业伦理的要求。作为首个加强司法职业保障的重要文件，该规定回应了历年《中国司法改革年度报告》的呼吁，扩充了 2015 年《若干意见》中的原则性内容。若能落实，将有助于缓和司法官权、责、利失衡的状态，提

升司法职业保障水平，增强司法官的职业安全感和尊荣感。

二、现有检察人员司法责任制履职保障制度存在的问题

《若干意见》对检察官履职保障制度规定得非常原则和简略，《规定》虽然针对当前司法人员依法履行法定职责的三个方面的困扰完善了相关制度，但该文件 2016 年 7 月才出台，时间较晚，具体落实情况有待观察。而且《规定》的相关内容所涉及的部门包括中组部、财政部、人社部等其他党政机关，因此需要部门间的沟通协调，但这不是检察院自身所能解决的问题。所以，从目前司法改革的实践操作来看，司法改革四项举措中，员额制和司法责任制改革是司法改革中推进最顺利、开展最深入的，然而，司法改革四项举措之间的发展并不协同，职业保障制度没有同步跟进，权责利相统一的司法改革目标尚未实现。因此，员额制改革和司法责任制改革实质上受到影响。司法人员履职保护、薪酬提升等司法职业保障机制相对滞后，并未真正落到实处，司法官也未真正感受到职业尊荣感的提高。从制度改革的内在逻辑来看，司法改革的各项制度应该从顶层设计的高度统筹安排、协同共进。但在实际推行的过程当中，这些改革措施受限于外部制度环境的制约无法同时推进、全面铺开，这就导致不同制度在推行过程中会出现一个时间差。[1] 现有检察人员司法责任制履职保障制度存在以下几个方面的问题：

（一）检察官单独序列尚未真正实现

检察官单独职务序列，通常是指以任职资历、专业能力、司法业绩为主要评价标准的检察官职级划分制度。长期以来，我国检察官职务序列在管理体系上与行政职务序列是相同的，2011 年中组部与最高人民检察院的 19 号文件，包括中组部与最高人民法院的 18 号文件，设置的法官、检察官等级套改的方案也和行政等级完全一致，通俗地说法就是掐头去尾，检察官系列没有国务院的正国级，检察官的最高级是副国级。另外需要强调的是，非领导职务里面，没有办事员级别，其他的中间 12 级和公务员完全一样，这是 2011 年改革以后的情况，仍然是与公务员职级一一对应的行政化的等级制度，实际上没有反映司法的职业属性。[2] 目前检察官职务序列并未遵循司法规律、反映

---

① 刘斌：《从法官"离职"现象看法官员额制改革的制度逻辑》，载《法学》2015 年第 10 期。

② 李璐君：《司法职业保障改革在路上》，载《法制与社会发展》2017 年第 1 期。

司法特征，与之相应的薪酬待遇、职业前景等自然无法按照司法的特点作出安排，检察官与普通公务员的区别也就无从谈起。出现上述问题的原因是多方面的，其深层原因是我国社会发展需要、现代法治观念与固有的权力运行方式和管理模式存在冲突，社会基础和承受力与现代司法理念之间存在矛盾。[①]我国法制建设也是政府推进型的，行政权力相对强势，对检察官的管理以及检察权的运行方面都体现了较浓的行政色彩，对检察官的管理仍无法摆脱行政管理的窠臼。另外，民众对法治理念和精神尚未成为一种共识，对检察官的身份更未取得一致看法，检察职业的专业性、精英化、技术化并未受到应有的重视，检察官的职业保障自然不会不同于一般的公务员。

（二）办案人员的"权责利"尚未统一

进入员额的检察官经过严格遴选程序，进入员额的检察官一般在业务素质、办案能力、职业操守等方面优于未入额检察官。更重要的是入额检察官被授予了办案决定权，在"案多人少"的背景下，在权责一致的基础上落实司法责任。在司法改革进程中，入额检察官在授权范围内依法行使检察权，然而目前一些地方对员额检察官的待遇仍未落实，保障仍未兑现。同时根据权责一致的原则，入额检察官若有故意及重大过失行为的，需要追究错案责任，而且是终身追究的严厉的错案责任。有些入额检察官感觉到权责利的不统一。这是一些地方检察官入额积极性不是很高甚至人员流失的重要原因。

（三）检察官惩戒制度的缺陷

2016年7月，中央全面深化改革领导小组审议通过《关于建立法官、检察官惩戒制度的意见（试行）》，提出在省一级设立法官、检察官惩戒委员会。惩戒委员会由人大代表、政协委员、法学专家、律师代表以及法官、检察官代表组成，法官、检察官代表比例不低于50%，主任由全体委员推选，并由省级党委把关；法院、检察院行使调查核实权，并根据惩戒委员会意见作出包括停职、延期晋升、免职、责令辞职、辞退等在内的处理决定；惩戒委员会经审议可对是否构成故意违反职责、存在重大过失、存在一般过失或没有违反职责提出审查意见，审查意见应经全体委员2/3以上多数通过；当事法

---

① 曲波：《完善检察官职业保障机制研究》，载《人民检察院组织法与检察官法修改——第十二届国家高级检察官论坛论文集》，中国检察出版社2016年版，第886页。

官、检察官有权进行陈述、举证、辩解，对惩戒决定不服的，可向作出决定的法院、检察院申请复议，并有权向上一级法院、检察院申诉。《规定》也明确了检察官惩戒委员会的工作职责、程序等，突出了检察官惩戒委员会的中立性和公正性。但上述文件仅提供框架性意见，仍需进一步完善，如上述文件未明确检察官惩戒委员会究竟设立在省一级哪个机关，又如惩戒委员会意见实际只有参考效力，而非最终决定，惩戒决定权仍掌握在法院、检察院自己手中，那么如何解决检察官惩戒中的内部行政化色彩，增加惩戒的司法属性呢？

（四）检察辅助人员及检察行政人员的职业保障未覆盖

现有检察官助理相对较少，检察官和检察官助理之间的权责在一定程度上混同，现在很多未入额的检察官也还在办案的一线。检察官助理未来如何进入员额，特别是现在的年轻人如何进入员额，未进入员额的检察官助理的待遇如何保障都需要考虑。未进入员额的检察官助理的情绪需要安抚，如何构建员额制检察官和检察官助理之间的办案关系尚需理顺。检察官助理的单独职务序列尚未建立，造成检察官助理的考评体系和晋升机制无法运行，检察官助理的职业前景并不明朗，工作积极性受挫，影响办案的质量和效率。而司法责任制改革后，司法行政人员的比例大为减少，而且司法行政人员晋升渠道狭窄，待遇一般，未来检察官助理和检察行政人员的吸引力大大下降，特别是西部基层地区更是如此。如何稳定检察官助理队伍和司法行政人员队伍也需要认真考虑。

三、检察人员司法责任制履职保障制度的完善

（一）设置检察官单独职务序列

现在很多试点地区正在推进这项改革。由于目前大部分地区法院、检察院的待遇主要还是依据行政职级来分配的，检察官等级与行政级别的职务配套改革尚未完成，检察官等级还只是一个"虚名"。在全体社会成员对检察官的重视和尊重尚未形成共识的前提之下，应该引导社会形成这样的文化氛围，让大家认识到司法工作有别于一般行政工作的规律，否则，即便建立了单独的检察官单独职务序列，现实生活中的执行效果也未必显著。同时，要建立检察官单独职务序列，应从根本上实现公平正义，应不断完善和推进司法责任制改革，解决影响依法独立行使检察权的问题，不断提高检察官的素质和能力，使民众在案件的处理中感受到公平正义，否则履职保障制度存在的正

当性和合理性不足，也不易获得民众的支持和理解。建立单独职务序列后，应以检察官职务等级为依据，设计检察官的薪酬制度。这项改革的难点就是薪酬标准的确定。根据《检察官法》相关规定，检察官的工资制度和工资标准应根据检察工作实际，由国家规定。但现在国家并未对此作出规定。当然，在制定检察官的薪酬标准时应该注意：一是应该适应我国目前的国情。检察官的工资待遇应该提高，但是基于我国经济社会发展的现状，我国司法资源有限，现阶段要求我国检察官的工资待遇达到发达国家的高薪水平显然很不现实。所以应该循序渐进，现在应先由各试点省份尽快出台文件，明确省级统管后的薪资待遇体系和保障机制，逐步落实增薪制度。未来随着经济社会的发展，随着民众对检察的重视和尊重逐步形成共识，认识到司法工作的特殊规律和特殊要求，可以从"优薪制"逐步过渡到"高薪制"。二是应解决影响依法独立行使检察权的问题，不断提高检察官的素质和能力，使民众在案件的处理中感受到公平正义，否则履职保障制度存在的正当性和合理性不足，也不易获得民众的支持和理解。在现阶段，司法责任制正在进行改革，影响依法独立行使检察权和司法权运行的因素和力量仍在，司法责任制的各项制度正在不断的精细化改革和紧锣密鼓地落实中，司法公正和司法效率已见成效，但离司法公信力的大幅提升尚有距离。而且遴选出的检察官在业务素质、职业品性等方面还有待提高，因此目前检察官的单独工资也不宜一下规定过高。

（二）完善检察官惩戒制度

因目前我国检察官惩戒委员会的相关规定比较原则和概括，具体的问题还需进一步细化和研究。比如，实践当中成立的法官惩戒委员会基本上做到了脱离于法院、检察院系统，但是仍然存在不少问题。如很多地方的检察官惩戒委员会的成员虽具有相当的代表性，包括法学专家、律师等检察院外部的成员也被吸收进委员会，但委员会委员由市委政法委员会聘任并颁发聘书，法官、检察官惩戒委员会主要是由政法委、司法改革领导小组牵头推动的，委员由政法委统一聘任并发聘书就不可避免的带有行政色彩，如何防范受惩戒工作到行政机关干扰，需要进一步研究和规范。[①] 为此，可以考虑按照一定的标准和条件遴选相应的法官、检察官惩戒委员会成员，作为专家库

---

① 王迎龙：《司法责任语境下法官责任制的完善》，载《政法论坛》2016 年第 5 期。

成员,当遇到相关具体案件时,可以采取随机抽取、临时组建的方式,打破固定化的设置,从而保障惩戒委员会的中立性和公平性。又如,惩戒委员会意见实际只有参考效力,而非最终决定,惩戒决定权仍掌握在法院、检察院自己手中。在仅具有惩戒建议权的情况下,法官、检察官惩戒委员会作出的惩戒意见不仅起不到预期的作用,甚至可能影响法官、检察官责任追究的公正性。因此,在试点中可以赋予法官、检察官惩戒委员会惩戒意见一定的强制力,法院纪检监察部门在收到后,如果作出与其不同的处理决定,需要向法官惩戒委员会作出解释与说明。再如,当事法官、检察官申请复议、申诉,若本级或上级法院、检察院改变惩戒决定的,惩戒委员会是否介入,亦无相关规定。如何与监察委员会改革相衔接,仍需进一步考量。

(三)兼顾检察辅助人员及检察行政人员的职业保障

第一,按照"托低保高"原则,加快落实司法职业待遇提升,保证各类人员实际收入均有所增加,避免司法人才进一步流失。[1] 在一定程度上相应增加司法工作人员的职业待遇,减小检察官助理和检察行政人员的抵制,弥合检察官与检察官助理、检察行政人员之间的矛盾和紧张关系,防止检察官助理和检察行政人员影响办案公平和做事效率。当然,检察行政人员的工资待遇不应与一般行政人员的差别很大,毕竟二者所从事的工作性质是一致的。

第二,司法改革试点工作的展开与推进是依靠法院政治部这一典型的行政机构来推进,这就意味着政治部的行政工作只能增加而不会减少。而且各省的试点地区法院、检察院往往都是司法改革制度措施的先行者,是全省其他法院、检察院模仿、学习、拜访的对象,是上级各个层级领导部门检查评估的对象,这些事务无疑进一步加剧了试点法院、检察院本来已经繁重的行政事务。[2] 为此,对于一般性的行政事务,可以通过购买社会服务的方式减轻检察院司法行政工作人员的工作任务,缓解工作压力。另外,现在一般认为检察官和检察行政人员应设置不同的序列,两类人员有着不同的选任标准、职业前景和晋升渠道,两个序列是平行的,不会存在交叉。这样做有利于实现检察人员分类管理的目标,有利于塑造一支专业化、精英化的检察官队伍,但目前存在一个情况是,现在综合行政部门工作的有些人员中,有的是从办

---

① 徐昕:《中国司法改革年度报告(2016)》,载《上海大学学报》2017年第3期。

② 刘斌:《从法官"离职"现象看法官员额制改革的制度逻辑》,载《法学》2015年第10期。

案部门调任过去的，他们在从事行政工作之前有着办案经历和办案能力，有些甚至是业务骨干，有着多年办案经验，而且有些调任是领导命令，不是被调任者主动为之。那么对于这些人而言，若完全堵死他们进入检察官员额的大门不合情理，而且也可能会造成司法资源的浪费，因此可以考虑对于特别优秀的行政工作人员，按照同样的遴选标准、经过同样的遴选程序，也可以考虑将其吸收进检察官队伍中。甚至对于以后招录进来的检察行政工作人员，在符合相应的遴选标准并经过严格的遴选程序后，也可以进入检察官队伍中，只不过这不是一种常态，而且必须经过相应的遴选程序并遴选合格，而不是像之前那样可以在检察院内部业务部门和行政工作部门之间比较随意地流转、调换。

下 编

上编研究了检察人员司法责任制一般性的理论问题，涵盖检察人员司法责任制的概述、检察人员司法责任制之主体机制、检察人员司法责任制之监督制约机制、检察人员司法责任制之责任认定与追究机制、检察人员司法责任制之保障机制等相关内容。但上编的内容侧重于研究检察人员司法责任制中的基础理论性问题以及检察人员司法责任制中的一般性问题。下编侧重于研究检察人员司法责任制中的具体制度设计的问题以及检察人员司法责任制中的特殊性问题。

下编采用整体观察与综合分析方法来研究、分析检察人员司法责任制。该方法从总体上或根本上看待事物，运用普遍联系的观点认识和解决问题。它以事物的全貌作为观察对象，通过简化与相互对比的途径，运用概括、比较的方法获得对象的整体特征并由此确立整体各部分之间的关系。一切存在着的状态都是特定的"关系"，当这种关系的结构发生变化时，其中的因素也相应变化，事物之间是互补共生的关系。本书也将检察人员司法责任制的全貌作为观察对象，对其全貌、构成的各部分以及事物之间的关系进行由此及彼的观察，由此确立了本书观察的六个维度，六个维度之间相互以对方为其存在的前提和依据，在六个维度共同建立起来的关系中确立各个维度自身的位置，牵一发动全身，最终从总体上把握本课题。这六个维度分别为：中外检察人员司法责任制的异同、检察院司法责任制与法院司法责任制的异同、以审判为中心的诉讼制度改革背景下的检察人员司法责任制、监察体制改革背景下的检察人员司法责任制、不同层级检察机关的司法责任制、不同地域检察机关的司法责任制。通过以上六个维度的研究，本书力求全面地、立体地对检察人员司法责任制进行观察分析，在兼顾检察人员司法责任制普适性问题的同时，更多探讨目前关注较少的特殊性问题。

第六章　中外比较视角下的检察人员司法责任制

一、中外检察人员司法责任制的相同点

（一）健全办案组织

从比较研究看，域外检察机关办案采取的基本形式主要有两种：即独任制和协同办案制。所谓独任制，是指承办案件的检察官，在检察辅助人员的协助下，相对独立地办理案件并作出决定。而协同办案制，又可以分为临时协同制与团队办案制。前者是由承办检察官办理案件，在必要时提出要求，经检察长安排或检察官协调，其他检察官予以配合，这种协同是一种松散的协同。但是后者的协同是一种紧密型的协同关系。检察机关办案组织形式，虽然必要时"协同办案"成为常态，而且目前随着社会发展，案件的复杂性、关联性以及侦破难度增大，因此需要进一步发挥团队协作精神。但检察机关最基本的办案形式仍然是单独办案。而域外检察制度对此也普遍确认。在日本，检察官之所以被称为独任制机关的原因就在于此。① 在法国，刑事诉讼法明确规定共和国检察官及其助理代表所在检察机关（《法国刑事诉讼法》第39条），因此，通常各个检察官以相对独立的方式行使职权。② 原先我国检察机关办案组织形式及其责任机制主要的特点是三级审批制，检察官没有独立的办案地位，只有检察长负责制，并无检察人员司法责任制。但我国新一轮司法改革正在进行，从实际操作情况看，我国检察机关的办案组织形式，主要采取单独承办制和搭档办案制。对重大、复杂案件，亦采团队办案制形式。此外，还有临时协同办案制。即根据案件办理需要，检察官单独承办的

---

① ［日］法务省刑事局编：《日本检察讲义》，杨磊等译，中国检察出版社 1990 年版，第 18 页。

② 魏武：《法德检察制度》，中国检察出版社 2008 年版，第 171~175 页。

案件，乃至形成搭档办理的案件，可能临时配属其他检察官协助办理，如临时配合侦查取证等。

（二）协调检察一体和检察官相对独立的关系

检察一体是大部分大陆法系国家确立的一项基本的检察组织原则。检察一体化要求统一各级检察机关追诉与裁量的基准，尤其是裁量不起诉的案件从这个意义上讲，检察一体实际上发挥了监督和制约公诉权的功能，以防止检察官滥用权力。[①] 从检察官与检察首长的关系看，检察首长可以发布检察指令，从而发挥相应的监督制约作用。同时检察官具有相对独立的办案地位，检察官的相对独立的办案职权可以对抗上级检察指令的滥用。检察长虽然是检察机关的负责人，有权领导和指挥检察官的工作，但是检察长没有个案指挥权。从检察官与检察长的关系看，检察官是办案主体，但要接受总检察长、检察长的指挥或者领导。[②] 司法责任制改革的内在逻辑也是协调检察官相对独立和检察一体化的矛盾问题。我们实行检察人员司法责任制赋予检察官办案决定权，同时也通过指令权的书面化等方式加强对检察指令的规制，我国推行司法责任制的关键也是加强检察官的权力与改善检察长的领导。

（三）加强监督制约制度

司法责任制改革强调权责统一，主张突出检察官的办案主体地位，但是在放权给办案检察官的同时，为了保障检察权的依法公正行使，保证办案质量，实现公平正义的价值追求，必须对检察官办案进行不可或缺的监督制约。为此，不论两大法系的国家还是我国，都建立了符合各国检察制度以及各国国情的监督制约机制。

就监督制约机制的构成来看，纵观世界各主要国家的司法实践，对检察权的制约主要有两种渠道：一是外部力量的监督、制约；二是内部力量的监督、制约。从国外的情况来看，外部监督制约的实质是利用权力分立，实现权力之间的制衡，借以达到防范检察官滥用权力，保障司法公正的目的，如法院的司法审查或者是被害人对检察权的制约。内部的监督制约只要是指检察机关上下级之间的监督，或者来自行业组织与职业规范的监督制约。[③] 前

---

① 陈瑞华、汪贻飞：《检察权监督制约机制的域外考察》，载《人民检察》2008 年第 5 期。

② 蔡巍：《检察官办案责任制比较研究》，载《人民检察》2013 年第 14 期。

③ 林钰雄：《刑事诉讼法（上册总论编）》，中国人民大学出版社 2005 年版，第 114 页。

者是大陆法系国家的做法，后者是英美法系国家的具体实践。检察权的内部监督制约机制主要有两种模式：一是大陆法系在平衡检察一体和检察官独立的基础上，强化检察指令权的法律化和公开化，以防止指令权本身的滥用；二是以美国为代表的英美法系，其检察权的内部监督制约则主要是通过行业规范、模范规则强化对检察权能的监督。因此，无论是大陆法系还是英美法系，内部监督的根本都在于平衡检察一体与检察官独立的关系。我国对检察官办案进行监督制约的力量也是来自内部和外部两个方面。而内部监督的根本也是如何处理检察一体与检察官独立的关系问题。

（四）严格责任认定和追究

检察官办案过程中，因其履职行为会影响当事人的合法权益，因此，为了实现案件的公平正义，需要加强对检察官的监督制约。为了实现公平正义的价值追求，英美国家将检察官的不当行为作为惩戒的依据和理由。德法两国采不当行为和错误判决二元论作为法官惩戒事由：对于法官不当行为之惩戒，无须考虑行为主观因素；而对于法官错误裁判所致惩戒，因事关司法核心领域，德法两国均采主观归责，排斥客观效果论。[1] 在英美法系国家，若无不当行为，那么法官责任豁免，不承担错案责任。大陆法系国家，承认错案责任，但法官必须是故意或者重大过失，否则也是责任豁免。而上述司法责任豁免除法官享有外，检察官在履行准司法职责时，一般也享有该权利。[2] 因此，对于检察官而言，英美法系国家的惩戒事由也是不当行为。有学者专门指出，英美国家对检察官严厉的惩戒措施针对的也是检察官的不轨行为，如检察官隐匿证据、提交伪证以及不当挑选陪审员等。[3] 而大陆法系国家的惩戒事由则包括不当行为和错误裁判。我国也规定了相应的司法追责制度。因为惩戒和干预的界限不好把握，因此我国和发达国家司法人员惩戒制度方面所面临的问题都是一样的，即如何在保障司法人员依法独立行使司法权的基础上，限制司法权的滥用，从而取得司法权独立运行和司法责任之间的适度平衡。为此世界各国在构建惩戒机制的同时，为保障检察权的依法独立行使，都建立了检察官身份保障制度与检察官职务晋升制度，并且赋予了检察

---

[1] 蒋银华：《法官惩戒制度的司法评价》，载《政治与法律》2015 年第 3 期。

[2] 蓝向东：《美国检察官的民事责任豁免》，载《中国检察官》2008 年第 9 期。

[3] 董坤：《检察官的不轨行为与错案防治研究》，载《四川大学学报（哲学社会科学版）》2016 年第 3 期。

官职务豁免权，从而保障检察官依法公正履行职能。

（五）完善履职保障制度

在履职保障制度方面，为了保障检察官独立行使职权，有效履行办案职责，两大法系国家都有规范检察官选任、晋升和制裁的制度，从而保证了检察官能够独立履行职责。首先，两大法系国家对检察官规定了很高的选任标准，大陆法系国家要求检察官和法官适用相同的选任标准。英美法系国家则依据普通法要求"精英"人物投身法律工作，除了要求检察官必须是通过律师资格考试的法学院毕业生之外，还要求检察官必须有律师从业资格。选任出的检察官在专业素质、业务能力、职业道德等方面都有很高水准，从而形成一支专业化、职业化的检察官队伍，保证办案质量和检察官遵守职业道德。其次，为了保障检察官独立行使职权，有效履行办案职责，两大法系国家都有规定各项制度，从而保证了检察官能够独立履行职责。如各国确定了检察官职务终身制，以帮助检察官在办案中抵御外部压力。为了保护独立办案的检察官，各国将对检察官任免、惩戒的权力交给专门的机构。为了保障检察官独立履行办案职责，各国规定检察官履行职责的行为具有很大程度的豁免权。各国也给予检察官优厚的工资待遇等。[①] 为了实行司法责任制，我国也通过员额制改革遴选了一支较高素质的检察官队伍，目前我国也在探索提高检察官的薪酬待遇、完善检察官的晋升、保护检察官及其亲属的人身财产的安全等制度。

二、我国检察人员司法责任制改革可能遇到的问题及矛盾

（一）司法责任制改革与我国的国家权力结构及其运行机制可能发生某些冲突

这种冲突可以表述为司法逻辑与社会逻辑的矛盾。具体而言，执政党统揽全局，协调各方，执政党领导的原则是国家权力运作最根本的原则，这是我国宪法规定的。集中性、统揽型体制之下，是不同国家权力运作中共同的行为逻辑。由此可见，司法行政化在于基本体制的行政性要素进入司法，这是一个基本的现实条件。因此，无论是司法管理制度的改革，还是司法权运

---

① 蔡巍：《检察官办案责任制比较研究》，载《人民检察》2013 年第 14 期。

行机制的改革，都是在宪法框架内探讨。① 因此，我国之前的司法行政化有着国家权力结构的深刻影响，我国目前司法权去行政化改革也必须尊重这种现实逻辑。在这样的国家权力结构框架下，要想实现完全的依法独立行使检察权有难度，司法的去地方化和去行政化也受到国家权力结构和国家权力运作模式的限制和束缚。

（2）我国《宪法》《刑事诉讼法》《人民检察院组织法》都规定："人民检察院依照法律规定独立行使检察权，不受行政机关、社会团体和个人的干涉。"根据《刑事诉讼法》的规定，刑事诉讼中行使检察权的主体是"人民检察院"，只有在某些义务性条款上，其主体才是"检察人员"。《宪法》及《人民检察院组织法》还规定：人民检察院实行上级领导下级的体制，在检察院内部实行检察长负责制和检察委员会民主集中制相结合的领导体制。据此，法学界主流观点认为，"人民检察院依照法律规定独立行使检察权"中的"独立"指的是检察院作为整体的独立，而非检察官独立。② 虽然检察官相对独立是检察院整体独立的基础，是"检察一体"的前提和防止"检察一体"弊端的重要措施，是检察官法律地位、活动原则、司法规律和深化司法体制改革的必然要求，③ 但目前的法律规定无法体现检察官在办案中的主体地位和检察官的相对独立性。一般认为，目前正在进行的司法责任制改革中，检察官在一定事项范围内的决定权是检察长授予的。人民法院独立行使审判权这个宪法原则是不能动摇的，无论怎样进行司法改革，这一点都不应该动摇，这是中国特色社会主义司法制度的基石。④ 而目前人民检察院独立行使检察权这个宪法原则也不能动摇。与之密切相关的一个问题是司法民主制问题。检察院依法独立行使检察权，而不是检察官行使检察权，这是司法民主制的重要载体。民主司法是我国社会主义司法的基本原则，我国的国体和政体决定所有国家机关的活动必须遵守民主原则。⑤ 司法的民主决策机制有利于集思广益，从而更有利于公平正义的实现。因此。在决定授权给检察官的权力大

① 龙宗智：《加强司法责任制：新一轮司法改革及检察改革的重心》，载《人民检察》2014年第12期。

② 陈光中：《论检察》，中国检察出版社2013年版，第150页。

③ 朱孝清：《检察官相对独立论》，载《法学研究》2015年第1期。

④ 张文显：《论司法责任制》，载《中州学刊》2017年第1期。

⑤ 张文显：《论司法责任制》，载《中州学刊》2017年第1期。

小时，应该考虑到民主决策机制，检委会在检察长主持下按民主集中制原则讨论决定重大案件和其他重大问题的规定，目前不应忽视检委会所发挥的民主作用。

（三）我国检察院的业务具有多样性

我国检察职能比较复杂。当然随着检察院反贪、反渎以及预防职能的剥离，我国检察职能已经相对简化，但我国的检察权除了国外通行的公诉权之外，还有法律监督权，而法律监督权除传统的诉讼监督外，现在还在试点对行政执法的法律监督。因此应该根据检察职能的不同确定权力的配置方式及运行方式，不能一概而论。

（四）我国司法资源相对有限

虽然我国的改革开放已经取得了举世瞩目的伟大成就，但目前检察官履职保障制度较员额制和司法责任制落后一步，未能实现权责利的统一。这在一定程度上影响了司法责任制的真正落实。检察官的福利、待遇、地位、社会尊荣度等的提高不是一蹴而就的，与我国司法资源的多寡息息相关。

（五）我国幅员辽阔，各地区经济社会发展很不均衡

由此导致各地区的司法资源、检察官的素质能力等有较大不同，因此，在改革的具体内容方面必然呈现较大的差异性和复杂性。为此，应该在加强中央顶层设计的基础上，充分尊重各地的差异，照顾地方的自主性，最终形成一种既相对统一又因地制宜的制度设计。

三、中外检察人员司法责任制的不同点

（一）权力清单方面

我国不仅需要制定权力清单，而且还应逐步扩大检察官的权力。

一些人认为，法律规定了检察院作为整体依法独立行使检察权，并未规定检察官个人依法独立行使检察权，故检察官独立于法无据。如有学者指出：宪法有关人民检察院依法独立行使检察权的规定，"是一种集体独立，或称官署独立，而非个人独立即官员独立"。[1] 另有学者认为，这是对宪法的一种误读，是将宪法基本原则与检察院工作制度搞混淆了。如《检察官法》第 3 条规定了"检察官必须忠实执行宪法和法律"，如果将宪法规定的依法独立行使

---

① 龙宗智：《论依法独立行使检察权》，载《中国刑事法杂志》2002 年第 1 期。

检察权的主体仅仅限于检察院，那么检察官如何忠实地执行宪法和法律？检察官要忠实地执行宪法和法律，却又不能依法独立行使检察权，检察官对法律的"忠实"又如何体现呢？"集体依法独立的概念本身是有缺陷的。集体不是行为主体，也不可能行使检察权。集体的权力总是由个人行使的，可以是集体的法人代表检察长，也可以是集体的一员检察官。检察长和检察官在依法独立行使检察权上的区别是各自所承担的责任不同，但都是检察院依法独立的组成部分或要素。而检察院的依法独立也是通过检察长和检察官体现出来的。强调检察院集体独立而否认检察长和检察官个人独立，不仅否定了集体独立，也否认了依法独立本身。"① 在我国现行法律中，检察权是属于人民检察院的权力；在实际运行中，检察长具有广泛的决定权。检察长是完整地掌握检察权的唯一主体。长期以来，我国检察权运行机制的最大特点其实是"检察长办案责任制"，检察长把这个权力委托给副检察长、部门负责人和案件承办人，通过这个三层结构的审查把关来保障检察权的依法运行。② 但为了尊重检察权运行规律，此次司法责任制改革应将"检察长办案责任制"向"检察人员司法责任制"过渡，将由检察长之前行使的统一的检察权划拨出一部分，通过授权的方式授予检察官行使，尊重检察官的办案主体地位，只有在赋权的基础上才可以追究检察官的司法责任，从而达到权责统一的改革目标。除此之外，我国应该制定权力清单，通过权力清单的方式，将检察委员会、检察长、部门负责人以及检察官的权力明晰化、具体化、规范化，划定各个岗位之间的权力界限，从而保障检察官的办案权力。特别是权力清单使得检察长和检察官之间模糊的边界得以澄清，检察长的指挥权得以明确和限制，从而保障检察官办案决定权的真正实现。我国则应注重检察官权力清单的作用，这样才能克服以前主诉检察官改革中职权配置方式存在的弊端，如缺乏法律主体地位、职级晋升不明、责权利不统一、职权配置较小等，而且有利于将司法办案终身负责制落实到个人，保证司法责任制的实现。

"权力清单"有两个前提需要考虑：一是检察长与检察官的权力边界；二是检察权的结构性分解。而我国在这两个方面都有其特殊性。

---

① 蒋德海：《宪法的法治本质研究》，人民出版社 2014 年版，第 255 页。
② 陈卫东、龙宗智、谢鹏程等：《抓住改革的"牛鼻子"——检察院司法责任制改革的理论与实践》，载《中国法律评论》2016 年第 4 期。

　　首先，在如何协调检察一体和检察官独立方面，在对检察官进行授权时，既要充分突出检察官的办案主体地位，做实检察官的权力，又不能削弱检察长对司法办案工作的统一领导，影响检察一体化，必须实现两者的有机统一。但因前文所述，按照我国法律规定，在我国现行法律中，检察权是属于人民检察院的权力；在实际运行中，检察长具有广泛的决定权，检察长是行使检察权的唯一主体，检察官不具备办案主体地位。目前的司法责任制改革是由"检察长办案责任制"向"检察人员司法责任制"过渡。因此，我国目前在处理检察一体与检察官独立之间的关系时，更多的是通过权力清单的方式将原先检察长享有的一部分权力，通过授权的方式交由检察官行使。只有这样，司法责任制改革才能真正切实推行，因为司法责任制强调明确谁为责任主体并承担相应的责任，从而实现权责统一的司法改革目标。另外，经过几十年的发展，检察院从早期检察人员专业能力缺乏、司法经验不足，已经发展到拥有一批高素质、高水平、经验丰富的专家型检察官，这在业务部门特别明显。至此，检察官不能独自胜任检察工作的担心已经纯属多虑，检察院内部的权力结构也需要调整。这为推行去集体化、去行政化以及去多层化管控的权力结构，奠定了基础。[①] 因此，目前我国处理二者之间的关系时具有明显的倾向性，即不怕检察一体会削弱，怕的是检察官的办案主体地位不能够得到充分落实。在检察长与检察官的权力边界上，按照中央《关于深化检察改革的意见（2013~2017 年工作规划）》，除重大、疑难以及涉及社会影响面大等需要检察长决定，或者检察委员会讨论决定的事项外，检察官都有权独立行使检察权。但因为检察实践中一般检察官的办案职权都来源于检察长的授权，检察官办案职权的多少取决于检察长放权的大小。一般认为，"检察官与检察长的分权，可大体上按照大小和上下的原则处理。所谓大小，是指大事情由检察长决定，一般事情由检察官决定。所谓上下，是指案件按正常程序顺向发展的时候检察官说了算，按逆向发展的时候，如不起诉、撤案等由检察长来决定"。[②] 不过，从检察实践看，检察长放权的力度大小不仅与检察官整体素质高低有关，而且与是否具备完善的监督制度具有密切关系。只有

---

①　左卫民：《检察院内部权力结构转型：问题与方向》，载《现代法学》2016 年第 6 期。

②　龙宗智：《加强司法责任制：新一轮司法改革及检察改革的重心》，载《人民检察》2014 年第 12 期。

建立了权责明晰、办案尺度统一、完善的信息化监督体系，才能确保检察官"以至公无私之心，行正大光明之事"，实现检察权放权而不放任。① 虽然我国已经推行检察官员额制，入额的检察官在办案能力、业务素质、职业伦理等方面都应该是现有检察队伍中的佼佼者，但仍有很大的提升空间和进步之处，而且目前我国检察官的自由裁量权尚需法律规制以促进公正司法，特别是考虑到我国目前去地方化等改革措施仍在进行中，对检察官的放权也不宜过大，可以考虑将来将检察官作为行使完整检察权的主体。

与之相关的一个重要问题是如何保障检察权的正确行使问题，也就是检察一体的保障模式问题。大陆法系国家采取的是外部保障模式，该模式强调通过检察一体的体制抵御外部对检察官行使检察权的干扰和影响，却不从检察院内部不干预检察官行使检察权，从而有效保障检察官的办案主体地位，检察官可以拒绝检察长的指令。② 该种模式虽然有利于保证检察官的办案主体地位，但不利于发挥检察长的领导作用以保证办案质量，使得集体智慧少有用武之地。该种模式也不利于检察长对检察官的监督制约作用。而且这种模式也不符合我国目前的法律规定以及国情。因为我国法律规定的检察独立是检察机关整体对外独立，检察官需要以检察机关的名义行使职权。检察官只有部分独立性。另外，考虑到我国目前检察官的整体素质、能力问题，人民对公平正义的期待、盼望与目前公平正义的现状尚有矛盾和差距的大环境，还有目前检察权的行使受到地方的干预和影响的弊端等，为了保障检察权的依法行使，我国目前应该在外部保障模式的基础上，不排斥上级对个案行使指令权（检察院的内部保障模式）。未来检察权的保障模式应该是以外部保障为主，内部保证为辅。毕竟司法责任制改革是由"检察长办案责任制"向"检察人员司法责任制"过渡。

其次，检察权的机构分解问题。我国检察职能比较复杂，而国外检察的检察职能则相对单一。当然随着检察院反贪、反渎以及预防职能的剥离，我国检察职能已经相对简化，但我国的检察权除了国外通行的公诉权之外，还有法律监督权，而法律监督权除传统的诉讼监督外，现在还在试点对行政执

---

① 蔡长春：《检察改革进行时：如何实现司法权放权不放任？》，载《法制日报》2016 年 7 月 23 日。

② 邓思清：《我国检察一体保障制度的完善》，载《国家检察官学院学报》2016 年第 2 期。

法的法律监督。因此应该根据检察职能的不同确定权力的配置方式及运行方式，不能一概而论。目前，关于该问题的讨论相对比较充分，达成的共识较多，本部分不再过多探讨。

（二）监督制约方面

虽然各国都在尊重检察官办案主体地位的同时对检察官办案进行不可或缺的监督制约，并且建立了包括内部监督制约和外部监督制约相结合的机制，但在司法责任制改革过程中，基于我国检察制度的特点以及国情的不同，我国应该在监督制约方面有所不同。具体来说：

在监督的必要性方面。发达国家检察制度的发展已经较为成熟，检察官准入制度也极为严格苛刻，待遇也比较优厚。因此，这些国家检察业务整体水平较高，工作业绩良好是正常的现象。这些国家检察官的监督制约机制必然与高素质的检察官和高水平的检察业务工作相适应。即发达国家的检察制度强调检察官的主观自律，由具有高度责任心和荣誉感的高素质的检察官进行自我管理，而监督制约则处于辅助性的地位。虽然我国目前已经进行了员额制改革，但遴选出的检察官的综合素质与发达国家基于苛刻的准入制度下的高水平的检察官队伍的素质相比，还是不可同日而语。特别是在冤假错案不绝于耳、司法公信力不高的当下，民众对公平正义的实现抱有很大期待。此时为了保证办案质量，提高司法公信力，我国应该十分重视监督制约机制的保障作用。未来随着我国检察官素质的不断提升，检察官自我管理能力的增强，可以逐渐淡化这种监督机制的作用。只不过现在应该注重使监督制约机制符合检察规律和检察官的特点，从而更好地保障检察权的依法独立行使。

在监督内容方面。英国、美国建立了以不当行为为依据的法官惩戒制度。该制度的特点是对法官的不当行为进行评价，而不对法官判决的对错进行评价，对判决对错的评价由司法程序包括上诉法院来完成。至于判断法官行为是否不当的标准，在于有无使公众对司法的信心造成损害。在德国、法国，实行的是不当行为和错误判决二元论作为法官惩戒事由的责任形式。[①] 在发达国家，高素质的检察官拥有良好的办案质量是较为普遍情况，因此，发达国家对案件质量的追求没有那么迫切和强烈，监督的重点在于检察官的不当行为。而我国检察官的整体素质还有待提高，目前我国检察监督的重点应在

---

① 朱孝清：《错案责任追究与豁免》，载《中国法学》2016 年第 2 期。

于案件的质量。

在监督方式的侧重方面。前文已述，我国和发达国家对检察权的监督制约力量来自内部和外部两股力量。本文认为，在外部监督方面，发达国家对检察权的制约更为有力，而我国的外部监督则相对乏力。如对于检察机关的不起诉决定不服的，德国有强制起诉制度制约检察官的权力，而日本则有准起诉制度，法国则有民事原告人制度，这些制度使得检察权处于被害人的制约之下。[①] 被害人是案件的利益攸关者，对于自己权利的保护欲望最为强烈。而当检察机关作出不起诉决定时，我国的被害人则无这样的制约权利。媒体等虽可以发挥监督制约作用，但因不是利害关系人，相应的监督制约则相对乏力。另外在检察官制度中，最有成效的监督机制是诉讼监督模式，即法院对检察权的制约作用。虽然我国自 2016 年以来大力推行以审判为中心的诉讼制度改革，但是要想改变侦查中心主义的格局，真正发挥审判权对检察权的监督制约作用，尚待时日。加之上面讲到，目前我国监督的重点应在案件的质量上面，检察官的办案行为直接决定案件质量高低，而检察官的办案行为主要在检察机关内部。在这样的背景下，我国目前应该以内部监督为主，外部监督为辅。

在如何协调检察一体和检察官独立的关系方面。上文已述，我国法律规定的检察独立是检察机关整体对外独立，加之考虑到我国司法公信力不高的现状和我国检察官的整体状况，目前应该在检察一体外部保障模式的基础上，不排斥上级对个案行使指令权（检察院的内部保障模式）。未来检察权的保障模式应该是以外部保障为主，内部保证为辅。另外，在上级指令问题上，检察官有权不服从上级明显违法的命令，但这种不服从一般应当采取要求上级转移事务的方式。如果不属违法指令，只是上级指令与检察官本人对案件的确信与处理意见相左，检察官必须服从指令。这是趋于严格的"检察一体制"的要求，而这种较严格的"检察一体制"应当说是符合我国目前国情的。[②]

（三）责任追究方面

国外基本不讲司法责任，更多研究司法豁免权以及履职保障制度。即发达国家通过严格的准入制度，形成一支专业化和职业化的队伍，确保检察官

---

① 陈瑞华、汪贻飞：《检察权监督制约机制的域外考察》，载《人民检察》2008 年第 5 期。

② 龙宗智：《论依法独立行使检察权》，载《中国刑事法杂志》2002 年第 1 期。

作为办案的主体具有独立办案的职责和能力。然后通过高薪养廉、司法责任豁免、终身任职制度等保障制度，抵御外部力量对检察官的干预，保障检察官依法独立行使职权。具体来说：首先，两大法系国家对检察官规定了很高的选任标准，大陆法系国家要求检察官和法官适用相同的选任标准，法官和检察官在选任和升职过程中可以互调。英美法系国家则依据普通法要求"精英"人物投身法律工作，除了要求检察官必须是通过律师资格考试的法学院毕业生之外，还要求检察官必须有律师从业资格。选任出的检察官在专业素质、业务能力、职业道德等方面都有较高水准，从而形成一支专业化、职业化的检察官队伍，进而保证办案质量和检察官遵守职业道德。其次，为了保障检察官独立行使职权，有效履行办案职责，两大法系国家都有规定各项制度，从而保证了检察官能够独立履行职责。如各国确定了检察官职务终身制，以帮助检察官在办案中抵御外部压力。为了保护独立办案的检察官，各国将对检察官任免、惩戒的权力交给专门的机构。为了保障检察官独立履行办案职责，各国规定检察官履行职责的行为具有很大程度的豁免权。各国也给予检察官优厚的工资待遇等。[①] 我国虽然已经普遍实行员额制，但检察官的整体状况仍与发达国家有一定差距。因此，我国在通过员额制改革提高检察官的素质、能力，通过职业保障制度减少检察官后顾之忧的基础上，还应尊重我国的国情和现实。目前来说，对检察官的责任追究还是应该强调，司法责任追究是司法责任制的重要内容，检察官惩戒机制的价值追求不应忽视惩罚和威慑功能，从而警醒、提示检察官依法公正行使职权。未来，为了保障办案质量，实现公平正义，关键是拥有一支高素质的专业化队伍，并且免除检察官独立、公正办案的后顾之忧，从而事先预防检察官滥权之可能。但目前我国应该加强对检察官的监督制约和责任追究。

在惩戒事由方面，即检察官基于什么事由受到惩戒。前文已述，英美国家惩戒的是检察官的不轨行为，大陆法系国家主要惩戒检察官的不当行为，同时兼顾错误裁判。因此发达国家，惩戒机制的任务主要是对受到质疑的检察官行为进行评价，很少对检察官办案结果的对错进行评价，发达国家一般实行责任豁免。但在我国，强调错案责任则具有相对的合理性：英美国家所认为的"只要依法起诉、依法审判，不管有多少判无罪都是对的"的司法理

---

① 蔡巍：《检察官办案责任制比较研究》，载《人民检察》2013 年第 14 期。

念难以被我国人民群众接受，也不符合我国的司法传统。司法不公、司法腐败、冤假错案仍是人民群众反映强烈的一个问题，而司法不公、司法腐败往往不同程度地表现为冤假错案，冤假错案又是最大的司法不公。[①] 错案追究可以在很大程度上警示和提醒检察官严格依法办案，从而保证案件质量，增强民众对司法的信心，提高司法公信力。当然，在严厉追责的同时，也应注意检察官责任豁免制度的构建，防止责任追究影响检察官的依法独立办案。未来，当检察官得到社会足够多的信任时，当从检察官的正当行为基本可以推导出正当结果时，可以淡化错案追究制度的效用，更多关注检察官是否有不当行为。而且现在受到惩戒的检察官的不当行为主要集中于检察官的职务内行为，未来检察官职务外的不当行为也会成为惩戒的重要内容，在检察官惩戒中扮演重要角色。

（四）保障制度方面

新一轮司法改革的基本目标是实现"权责统一"，而实现"权责统一"的基本目标有两条基本途径：一是"还权"，二是"归责"，归责的前提是还权给司法人员。然而任何一项改革都必须是正向激励和反向惩罚之间的动态平衡，而不能片面强调任何一个方面，否则会影响到相关利益群体的积极性。[②] 因此，司法责任制改革应在放权给检察官的同时对检察官形成利益的正向激励，然后才能落实错案责任终身追究制。但目前的司法改革在突出检察官办案主体地位的基础上更强调责任追究，司法问责比相应的授权和履职保障走得更远，新一轮司法改革最为核心的目标，检察官"权责利"相统一的目标还未实现。为此，中国在司法责任制改革过程中，可适当借鉴国外的经验，构建中国的检察官身份保障制度及物质保障制度，以实现"权责利"的统一。司法责任制应当与检察官身份保障制度及物质保障制度相向而行，这是检察人员司法责任制改革成功的关键。

但应该看到，改革与司法资源的有限性可能发生冲突，由于司法资源的有限性，可能难以实现权责利相统一。除了受到国家资源限制之外，司法的

---

① 朱孝清：《错案责任追究与豁免》，载《中国法学》2016 年第 2 期。

② 陈虎：《逻辑与后果——法官错案责任终身制的理论反思》，载《苏州大学学报（哲学社会科学版）》2016 年第 2 期。

地位，司法在社会治理中的作用，以及整个体制的限制也是很重要的原因。[①]
如在高薪问题上，由于种种体制性原因，提薪幅度不可能过高，如在经济最
发达的上海，全市试点进入员额的法官、检察官收入暂按高于普通公务员
43%的比例安排，这几乎已经是法官、检察官可以看到的高薪制改革的调薪
上限。[②] 其他省市，特别是西部地区的省市这样的安排可能都难以落实。关
于薪酬待遇的改革要同时考虑司法工作人员的需要与我国现实国情，现阶段
要求司法人员工资达到发达国家水平是不现实的。因此，检察官高薪制、检
察官任职终身制、检察官及家属的人身及财产受到保护制度等不是一蹴而就
的。因此，考虑到我国的国情以及民众接受度，检察官的履职保障制度可以
采取渐进式改革的方式，分步进行。即逐步完善检察官司法豁免制度，适度
提高检察官的薪资待遇并定期增薪，建立检察官定期晋升制度，确保一线办
案的检察官即使不担任领导职务也可正常晋升至较高的检察官等级。等到将
来检察官的职业素质提升到一定程度，我国的司法资源足以支撑检察官高薪
制、检察官任职终身制时，检察官履职保障制度才会真正完成。在渐进式改
革的过程中，在构建检察人员司法责任制的过程中，在"权责利统一"尚面
临体制藩篱时，权、责、利可能都需打些折扣，从而实现一种权、责、利都
打一些折扣后的统一。要实现司法改革的总体目标，需独立、制约、职业化、
归责等因素形成完整的系统并一体推进，在基于目前国情，改革方案不得不
分期推进时，上述各要素应在理想方案基础上都打些折扣，而不是各要素先
后有别，或者有的要素最终不了了之。[③] 如在放权方面，可以考虑放权分步
进行，以后放权的幅度可以更大，要探索在检察官独立和检察一体之间寻求
平衡点。另外，在逐步放权的同时，还应加强对权力的监督制约，当然管理
者和监督者也要承担相应的责任。如在追责方面，应当谨慎适用错案责任终
身追究，严格限制其适用范围。如在保障方面，尽量推动检察官身份保障和
物质保障制度。由此，实现一种打些折扣后的"权责利统一"，否则，一般情
况下检察官也不一定接受一步到位的权责统一及其风险。因此，无论检察官
履职保障制度还是检察官司法责任制，都会是一个长期的过程，需要分步进

---

① 龙宗智：《加强司法责任制，新一轮司法改革及检察改革的重心》，载《人民检察》2014 年
第 12 期。

② 傅贤伟：《把 85% 人力资源投到审判办案一线》，载《解放日报》2015 年 4 月 24 日。

③ 傅郁林：《司法改革的整体推进》，载《中国法律评论》2014 年第 1 期。

行。为此，我们应注意条件约束，采取"相对合理主义"的改革策略。"相对合理主义"，就是注意条件、环境对改革的约束，不好高骛远，不求一步到位，而是扎实推进，创造条件，最终实现改革目标。尤其是对于一些涉及重要利益调整的事项，涉及重要制度、机制改革的措施，要防止激进主义，切忌追求一蹴而就。①

---

① 龙宗智：《如何看待和应对司法改革中遇到的矛盾和问题》，载《人民检察》2016年第14期。

第七章　法院、检察院比较视角下的检察人员司法责任制

党的十八届三中全会拉开了全面深化司法体制改革的序幕，中央部署的四项司法体制改革试点任务中，完善司法责任制是关键，是司法改革的"牛鼻子"。为此法院和检察院先后出台办案责任制的改革试点方案，确立一批法院和检察院作为试点单位。2015 年最高人民法院和最高人民检察院又先后出台《关于完善人民法院司法责任制的若干意见》和《关于完善人民检察院司法责任制的若干意见》，作为法院和检察院落实司法责任制的指导。法院和检察院的司法责任制存在诸多共性，二者的改革背景、改革基础相同。另外司法责任制的基本要素基本相同，如法院和检察院的司法责任制都要解决如下问题：如何健全办案组织和运行机制，如何科学配置司法人员和检察人员的职责，如何健全对审判权和检察权的监督制约、如何科学地进行司法责任的认定和追究等。但检察权的属性复杂，检察业务具有多样性，检察运行规律具有特殊性，因此检察院在推行司法责任制时除遵循司法活动的一般规律外，还应体现检察权运行的特殊规律，从而构建科学合理的检察人员司法责任制。

一、法院和检察人员司法责任制的相同点

（一）法院和检察人员司法责任制的确立依据相同

第一，司法规律的要求。司法权是国家权力谱系中的重要组成部分，究竟何为司法权，司法权到底具备几个特征现在仍在争论。但一般认为，司法权的本质在于其裁判性和中立性，也就是司法机关可以独立自主地依法裁判。[1] 也就是说司法的本质在于裁判，在于查清事实，定分止争，而且裁判过程和结果仅服从法律，不受其他因素的干扰。

---

[1]　最高人民检察院 2013 年重点课题组：《检察官制度研究》，载《中国法学》2015 年第 1 期。

审判权无疑是司法权，具备司法权的本质特征。然而长期以来，我国过分注重法院整体独立，忽视法官个体独立，审批制的办案模式使得审判权的运行偏离司法规律的要求。检察权的属性比较复杂，我国实行"检察一体"，实行上级领导下级，检察长领导检察院的领导体制，因此行政属性鲜明。然而，从上述司法权的本质来看，检察权也具有司法权的属性，特别是检察权中的批捕权和公诉权在查明案件事实和适用法律方面和审判权具有同样的目的。检察权也具有较大的司法属性。因此应赋予检察官一定的程度的独立性，由其自主判断，处理检察业务，这符合检察权司法属性的要求。然而长期以来，我国检察办案一直实行三级审批的办案模式，检察官并不具备办案主体地位。

上述司法活动的内在规律是法院和检察院办案活动的指针，须臾不可或缺，需要通过法院和检察院办案责任制的改革，使得审判活动和检察活动遵循司法规律的要求。

第二，保证法官和检察官依法办案的需要。遵循司法规律的要求，充分发挥法官在审判中的主体地位、赋予法官绝大多数案件的审理权和决定权是共识。因此需要给予一线办案法官更大的独立自主权，使得办案法官可以依法独立地行使职权。要实现上述要求就需要赋予法官办案决定权，改变行政审批的办案模式。而这正是法院司法责任制的题中应有之义。

不可否认的是检察权具有司法属性，检察官具有一定程度的独立性，需要查明事实，根据内心确信适用法律。因此在检察活动中应该正确处理检察一体与检察官独立的关系，使得检察官在办案中适度独立。要实现上述目标，就应该重视检察权的司法属性，改变以往行政化的审批办案模式，使得检察活动符合司法规律，而这正是检察官司法责任制改革的内容和实质。

（二）法院和检察人员司法责任制改革的基本要素相同

司法责任制改革针对我国长期以来对法官和检察官采取行政化的管理方式以及审判权和检察权运作过程中的行政化倾向，主张审判活动和检察活动应遵循司法规律，构建符合司法规律的基本办案组织，改变以往行政化审批模式的司法权运行机制，突出法官和检察官的办案主体地位，因此司法责任制改革重在通过建立新的办案组织和司法权运行机制，使得审判活动和检察活动回归司法属性。因此法院和检察院的司法责任制改革具有共通性。符合司法规律要求的司法责任制是一个有机的整体，是综合性的配套改革。有学者认为符合检察特点的办案责任制的体系和构造应包括以下内容：办案组织是检察权运行机制的载体和细胞，是明确责任主体的基石；职权职责是检察官执法办案的依据，是划定各类办案主体权限的范围与责任认定的准据；检察权的运行机制是执法办案活动规范有序运转的关键，是检察官依法办案的保障；责任追究是办案责任制获得切实履行的重要表现，是检察办案责任制的归宿。① 因此，本部分在探讨法院和检察人员司法责任制的相同点时，也主要从上述几个方面展开：

第一，建立基本办案组织。为了使一线办案法官成为办案主体，法院的司法责任制改革依据一定的条件作为标准选任部分优秀法官作为法官，配备其他法官、助理法官和书记员，形成法院办案的基本单元。② 其中办案组织形式又分为独任法官和合议庭两种。而检察院根据办案专业化和管理扁平化的要求，在保留原科（局）职数的情况下，按照检察业务属性设置多个检察官办公室，作为检察机关的基本办案组织。③ 检察办案组织也包括独任检察官和检察官办案组两种形式。法院和检察院组建新的办案组织赋予了法官和检察官办案决定权，突出法官和检察官的办案主体地位，为司法权的顺利运行奠定基础，同时培养一批资深的法官和检察官，促进法官和检察官队伍素质的提升。当然选任优秀的法官、检察官都离不开员额制改革的配合，需要和员额制改革配套进行。

第二，明确各主体的权力清单。司法责任制改革，实质就是审判权和检察权分别在法院和检察院内部的重新优化配置。明晰法官、检察官的权限范围，是法官、检察官行使司法权的基础，也是依法追责的前提。对于法院而言，应最大限度地突出一线办案法官的办案主体地位。除极少数的案件应由审委会作出决定外，其余绝大多数案件都应赋予法官以办案决定权，由审委会作出决定的案件必须明确规定，并且尽量限缩案件的范围和数量，处理好审委会与法官的关系问题。对于检察院而言，也应在一定范围内赋予检察官办案决定权，而不是让检察官仅有案件承办权。只不过在实行"检察一

---

① 上海市浦东新区人民检察院课题组：《符合检察特点的办案责任制模式研究》，载《司法体制改革中司法责任制的发展与完善——第五届中国检察基础理论论坛文集》，中国检察出版社 2016 年版，第 28 页。

② 雷钧主编：《黄陵模式——中国法官制改革初探》，法律出版社 2013 年版，第 60 页。

③ 最高人民检察院 2013 年重点课题组：《检察官制度研究》，载《中国法学》2015 年第 1 期。

体""上命下从"的检察领导体制下，检察官的办案独立地位是一种相对的独立，因此检察官的办案决定权也受到"检察一体"的限制，检察长或者检察委员会仍享有很大的办案权力。此时如何设置检察官办案权限的边界，检察长或者检委会具体行使哪些职权，这是检察官制度改革最重要的问题。另外，合理划分办案权限，还应正确处理法官、检察官与部门负责人的关系，制定部门负责人的权力清单。法官和检察官享有办案决定权，而部门负责人则不再行使原先的案件审批权。具体来说，法院的院长、庭长除在个别案件中作为合议庭成员亲自审理案件、决定案件外，在其他绝大多数案件中，院庭长不再行使审批权，而是从宏观上指导法院或者本庭的各项审判工作，组织研究相关重大问题和制定相关管理制度以及综合负责本院或者本庭的审判管理工作。[①] 也就是说，法院司法责任制改革后，院庭长主要行使审判管理和审判监督的职权，却不再审批案件，不能改变法官的实体判决意见。对于检察院而言，业务部门负责人主要管理该部门的政治、行政性事务，检察官负责原业务部门承担的办案业务的审核工作。[②] 也就是检察活动中的行政事务和业务事项分开行使，管人与管事分开，实行双轨制。另外也应明确审判辅助人员、检察辅助人员的责任范围，司法辅助人员的行为不可能也不应由法官、检察官负责，而应责任自负。

第三，健全检察监督制约机制。在组建全新的办案组织，科学划分相关办案主体的职责权限，在法院和检察院内部重新配置审判权及检察权后，法官和检察官的办案主体地位得到极大凸显，与之相伴的是法院和检察院传统的办案模式以及监督、管理方式的改革。为了确保案件质量，在放权的同时需构建科学有效的监督制约机制，以规范审判权和检察权的科学运行。

法院和检察院的司法责任制改革都应构建各主体之间的监督制约机制。首先，在法院，院庭长应享有审判管理权及审判监督权。在检察院，检察长或者检委会有权直接改变检察官的处理决定或者享有职务收取权和职务转移权。其次，为了加强监督制约，法院和检察院都应加强案件监管工作，制定科学的规范，明晰不同主体的权责规范和行为责任，办案主体和部门负责人

---

① 最高人民法院司法改革领导小组办公室编著：《最高人民法院关于完善人民法院司法责任制的若干意见》，人民法院出版社 2015 年版，第 174 页。

② 龙宗智：《检察官办案责任制相关问题研究》，载《中国法学》2015 年第 1 期。

都要为自己的行为负责。再次，应通过法官、检察官联席会议等为法官、检察官办理案件提供咨询建议。复次，还应加强法官和检察官办案活动的透明公开度，从而实现在放权的同时合理监督办案。最后，应加强案件办理的流程管理，由专门的案件管理部门负责案件的流程监控和客观记录，加强对案件处理是否公正、有无违法行为的评查。

第四，落实司法责任制的追究。在目前法院和检察院司法责任制的改革过程中，特别是目前法官、检察官业务素质、办案能力、职业道德等各方面尚有待于提高的情况下，司法责任追究是司法责任制改革中不可或缺的组成部分。追究责任可以对司法者的办案活动进行有效监督，提高司法者的责任心和荣辱感，警示和提醒司法人员，提高司法办案的质量和效果，促进公平正义的实现。况且司法责任制改革在一定程度上也是针对以前层层审批、集体决策、责任不清、追责不明的弊端，解决权限不清、责任不明的问题。但司法责任改革的目的不是追责，司法责任的重心在于突出法官和检察官的办案主体地位，改变以往层层审批的办案模式，明晰权责，责任到人。它是规范司法行为的手段，是案件质量的保障，单纯追责不是司法责任制改革的目的。因此在追责时应保持适度宽容，而非一味严苛。再加上司法的本质是判断，但这种判断是根据彼时既有的证据进行的判断，还原后的事实是一种证据事实，却并非客观真实，而且不同的司法者对法律的认识可能有差异，因此追责范围应严格限制。"要把严肃追责与保护干部、调动工作积极性结合起来，建立健全检察官履行法定职责保护机制。"[①] 所以在追究司法人员的责任时必须要求司法人员具有故意或者重大过失，否则尽到必要的注意义务的或者仅有司法瑕疵的，不应担责。从责任的类型来看，除要追究具体办理司法业务人员的故意或者过失责任外，也应追究司法业务监督管理者的故意或者过失责任。

（三）司法责任制与其他司法体制改革措施的统筹协调

目前中央进行的四项改革措施中，员额制、司法人员分类管理以及省级以下人财物的统一管理改革都是法院和检察人员司法责任制改革的基础性、配套性的措施，因此在改革中应推进这四项改革的统筹协调，不能割裂四者之间的关系。员额制和司法人员分类管理是司法责任制的前提，通过推行这

---

① 曹建明检察长在 2015 年 7 月 23 日至 24 日召开的司法体制改革试点工作推进会上的讲话。

两项改革可以选任部分优秀的法官或者检察官作为办案主体，赋予他们办案主体地位和相应的办案权限，实现司法办案的精英化，这是组建新的办案组织的基础，也是实现司法权规范有序运行的人力保障。省级以下人财物的统一管理为司法办案人员提供了人财物的保障，可以提高司法办案人员的工资薪酬和发展前景，最终实现司法办案人员责权利的统一，而不是单纯地增加司法办案人员的压力并且追究相关责任，这是吸取以往主诉检察官改革失败的经验。因此省级以下人财物的统一管理是司法责任制的重要保障。因此，要想真止落实司法责任制，不应单打独斗，应该按照中央的规划统筹推进上述四项改革。

二、检察规律的特殊性

（一）检察属性的复杂性

检察权的性质，近几年来是学界的一个热点问题，学术界与检察理论界对此进行了很多的探讨和争论，但是这个问题目前还没有达成共识。概括起来，代表性的观点主要有以下几种：

第一种观点认为，检察权是行政权。如有学者总结西方经验后认为，在西方检察权被认为是行政权的一部分，检察官是行政部门派往各级法院的代理人，这是一个世界通例。[1] 有学者认为，我国检察机关实行"检察一体"的领导体制，在权力运行方式上，检察机关上下一体，行政属性显著。[2] 还有学者认为，应当从检察机关的职权来判断检察机关的性质，认为侦查权和公诉权等权力的本质是行政权。[3] 第二种观点认为，检察权是司法权。如有学者认为，强调检察机关的司法性并由此而强化检察机关的独立性，应当说具有普遍的趋势。[4] 有学者认为，检察业务是就具体事实适用法律的活动，而这正是司法的本质特点，检察业务的效力跟法院业务的效力相似。[5] 较第三种观点认为，检察权兼具行政和司法的属性。不过即便持双重属性说，到底

---

[1]　洪浩：《检察权论》，武汉大学出版社 2001 年版，第 16 页。

[2]　徐显明：《司法改革二十题》，载《法学》1999 年第 9 期。

[3]　陈卫东：《我国检察权的反思与重构——以公诉权为核心的分析》，载《法学研究》2002 年第 2 期。

[4]　龙宗智：《论检察权的性质与检察机关的改革》，载《法学》1999 年第 10 期。

[5]　徐益初：《论检察权的性质及其运用》，载《人民检察》1999 年第 4 期。

哪种属性占据主导地位，也存在较大争议。也有学者持相反的观点。第四种观点认为，检察权实质上是法律监督权。主要原因在于一是列宁关于社会主义法律监督的相关论述，二是依据我国宪法对检察机关国家法律监督机关的性质定位。[①] 另外还有学者认为从检察权的宗旨来看，检察权行使的目的是维护宪法和法律的统一正确实施。由此可见，检察权的性质问题仍存在较大争议，但一般认为检察权的性质具有复杂性，兼具行政属性、司法属性和监督属性。检察属性的复杂性使得检察人员司法责任制也有复杂性，最根本的就是检察院的司法责任制需要正确处理和协调检察一体和检察独立的关系。而法院是我国单纯的审判机关，主要行使审判权，裁断个案纠纷，维护社会之公平与正义。审判权则是单纯的司法权，因此法院的司法责任制则相对简单，更多强调的是法官的独立行使权力。

（二）检察业务的多样性

虽然人民检察院组织法、检察官法以及三大诉讼法对检察职权作了规定，但目前检察职权究竟如何划分尚存争议，有三分法和四分法的观点分歧：四分法认为检察职权分为四个方面：一是对职务犯罪的侦查权；二是批准和决定逮捕权；三是公诉权；四是诉讼权（包括刑事诉讼、民事诉讼、行政诉讼）和监督权。[②] 三分法并未将逮捕权作为一项独立的检察职权，三分法内部又存在不同看法，有的认为逮捕权应附属于公诉权，应归入公诉权范畴，有的认为应将逮捕权一分为二，将批准逮捕作为对侦查的监督方式，而将自侦案件的决定逮捕划入侦查权。[③] 不管三分法还是四分法都承认检察业务的多样性和复杂性，而且不同的检察业务具有不同的特点。逮捕权和公诉权则体现了最强的司法属性，二者都体现了司法的本质，即根据相关事实进行法律判断，司法亲历性要求最高，当然二者也受"检察一体"领导体制的约束，不乏行政属性。诉讼监督包括法律监督调查和抗诉两部分，法律监督调查是以"提出和建议""特定行为纠正"为内容和行为方式的法律行为，而抗诉则是启动救济程序的行为。[④] 法律监督调查更多的是程序性、建议性的，因此行政

---

① 谢鹏程：《论检察权的性质》，载《法学》2000 年第 2 期。

② 张穹：《关于检察改革中若干理论问题的思考》，载《人民检察》2003 年第 7 期。

③ 石京学：《解读检察权分类及检察机关内部改革的设想》，载《中国检察官》2006 年第 5 期。

④ 龙宗智：《检察机关办案方式的适度司法化改革》，载《法学研究》2013 年第 1 期。

属性比较强，更多体现的是一体化和上命下从，而抗诉与否关系到是否启动救济程序，虽然抗诉并非直接改变裁判结果，具有非终局性，但抗诉活动突出司法亲历性，同样涉及实体权益，也应注重公正性，因此司法属性较强。由此可见，检察业务不是单一的，业务内容具有多样性和复杂性，另外不同的业务因具体职权的不同而具有不同的属性，有的偏重于行政属性，有的偏重于司法属性，但一般来说，检察业务基本都具有司法和行政双重属性，这使得检察业务更具有复杂性。不同的检察业务具有不同的特点，不同的检察业务具有不同的运行规律，因此不同检察业务的司法责任制不尽相同，呈现出条线责任的差异，这又增加了检察人员司法责任制的复杂性。当然，在检察院反贪、反渎职能转隶后，检察院的业务相对简单了。而法院的司法活动虽然涉及刑事、民事、行政等诸多法律关系，但审判活动在体现司法活动判断性和终局性方面具有同质性，因此法院的业务主要是审判业务，而且具有业务同质性，因此法院的司法责任则没有条线的区别，相对简单。

（三）检察权运行规律的复杂性

上文已述，检察权的属性具有多样性，不但具有行政属性，还具有司法属性和监督属性。另外，检察业务具有多样性和复杂性，由此决定了检察权的运行规律具有复杂性。首先，按照宪法对检察机关的法律定位，检察机关行使法律监督权，使得国家法律能够得到统一、正确实施。为了实现维护国家法律统一实施的目的，就需要统一法律的理解和规范法律的具体适用，这样就需要在检察机关的内部保持高度一致。由此造就了我国检察机关的领导体制，即上级检察机关领导下级，检察长统一领导检察院的工作。另外，检察体系与审判体系之间的结构差异，检察体系由于没有类似于法院审判体系的审级监督机制，为防止个别检察官误断滥权、适用法令和追诉标准不一等问题，检察机关通过"上下一体""上命下从"的一体化机制，可以发挥类似于法院审级监督的功能，在检察体系内部实现对权力的管控。[1] 因此，检察机关必须遵守"检察一体"的原则，检察权的运行也具有浓厚的行政属性。其次，检察权也有司法权属性。检察权的本质也是根据相关证据确认的事实适用法律，这也是一个司法过程，也体现了司法的判断性、独立性的本质特点，因此需要检察官在一定程度上根据相关事实和法律作出独立判断，而不

---

[1]　万毅：《检察改革"三忌"》，载《政法论坛》2015 年第 1 期。

是单纯听命于上级领导。目前进行检察院司法责任改革就是针对目前检察权运行的弊端，强调其司法属性，当然检察独立并非完全的独立，是一种受检察一体限制的独立。最后，检察业务具有多样性，而不同的检察业务具有不同的特点，由此决定了不同检察业务运行规律的复杂性。如逮捕权和公诉权则体现了最强的司法属性，二者都体现了司法的本质，其运行规律更多显现司法的价值。而诉讼监督则需具体判断。而法院审判权则属单纯之司法权，其运作采审判独立原则，而且这种独立不受一体化的制约，不是相对的独立。另外，法院的业务具有单一性，不像检察业务那样，不同的检察业务的运作规律存在很大区别，因此法院审判权的运行规律相对简单。

三、"以审判为中心的诉讼制度改革"中法院和检察院的不同定位

按照我国宪法对人民检察院的定位，人民检察院是我国的法律监督机关，是公共利益的维护者，是"法律的守护者"，检察官依法独立行使检察权，一方面打击犯罪，另一方面保障人权，维护国家法制统一，维护国家和人民的合法权益。而按照我国宪法对人民法院的定位，人民法院是我国的审判机关，法官依法独立行使审判权，惩办犯罪分子，维护社会秩序和人民利益。检察机关和法院都是国家司法机关，都理应代表国家利益，也都应维护国家法律的统一实施，既然如此，为什么还设置两个有着相似法律职能的国家机关呢？其实，检察机关作为国家利益和社会公共利益的代表，法院却是司法正义的维护者，法院所要维护的是程序的正义和实体的正义，而不是处于待判定状态的国家利益和社会公共利益。[①]

因此，虽然人民法院和人民检察院都是我国的司法机关，但我国宪法对人民法院和人民检察院的定位是不同的，由此而来的是人民法院和人民检察院的职能定位也是相异的。检察院在庭审前，面对犯罪嫌疑人、侦查机关与检察机关的三方构造，公诉人应当恪守客观公正义务，对全案证据严查细审，通过退回补充侦查或自行调查的方式完善证据体系，认真听取犯罪嫌疑人及其辩护人的辩解与意见，将涉及的非法证据排除的问题解决在庭前，确保案件起诉时证据标准确实、充分。在庭审中，面对被告人和辩护方、检察机关、审判机关的三方构造，公诉人更应承担起法律监督者的角色，既与辩护

---

① 陈瑞华：《论检察机关的法律职能》，载《政法论坛》2018 年第 1 期。

方形成对抗关系，履行指控犯罪的职能，同时又要依法保障被告人的合法权益，保障诉讼程序的顺利进行。[①] 而法院的职能则相对单一，法院在诉讼中应处于不偏不倚的中立地位，明辨是非曲直，依法独立裁判，定分止争。检、法两家在诉讼中担负的职能不同，决定了各自的领导体制、工作机制和运行规律必须有所区别。[②] 与法院和检察院的宪法定位、职能分工不同相伴而来的是检察院和法院在刑事诉讼中所处环节不同，特别是检察院的起诉环节和法院的审判环节不同。在起诉环节，检察院承担控诉职能，检察院对提起公诉的案件是否达到法定证明标准负证明责任，检察院负责控诉，检察院跟公安一起负责提供事实和证据，检察院履行调查取证工作和证据的审查判断工作，从而使得检察院真正承担起控诉的重任。等到案件起诉到法院之后，法院则负责居中裁判，根据认定的事实正确适用法律从而形成判决。因此，刑事诉讼是一个渐次递进不断纠错的过程：审查起诉对侦查阶段的成果进行审查，预防和纠正可能出现的错误；法庭审判对侦查和审查起诉阶段的成果进行审查，预防和纠正可能出现的错误。[③] 在诉讼流程中，案件会经过侦查、公诉、审判的逐级审查，层层筛选，而且从认识论的角度来讲，法院审查控制的标准应该是最高的，也即法院审判的证明标准应该是最高的。公安机关的侦查环节和检察机关的公诉环节都在先，而法院的审判环节处于最终地位。从案件质量的保障和维护来讲，法院是案件质量的最后把关者。虽然公安机关和检察机关在司法办案中也会出现差错，检察人员司法责任制改革也追究检察官的错案责任，但毕竟公安机关和检察机关的办案活动仍处于诉讼流程中，并不具备最终的法律效力，而法院的判决生效后，被害人以及被告人的利益会受到切实影响。如果说侦查、起诉发生错误还可以寄希望于审判活动发现并纠正的话，审判一旦发生错误，有的则将造成无法挽回的后果。[④] 审判在刑事诉讼中处于最后阶段，处于最终决定的地位，与这种地位相应而生的是法官职责的重要性和关键性，随之而来的还有法官责任的加重，相关过

---

① 刘惠：《坚持角色定位推进庭审实质化》，载《检察日报》2014 年 1 月 27 日。

② 谢佑平：《论以审判为中心的诉讼制度改革》，载《政法论丛》2016 年第 5 期。

③ 陈永生：《冤案的成因与制度防范——以赵作海案件为样本的分析》，载《政法论坛》2011 年第 6 期。

④ 顾永忠：《"以审判为中心改革"诉讼制度是对我国司法制度理论与实践的重大发展》，载《民主与法制时报》2015 年 7 月 23 日。

错追究将集中于法官群体。因法官的判决才会对被害人以及被告人的利益产生切实影响，所以过错追究的矛头最终会实质性指向法官群体，法官群体面临巨大的追责压力以及来自诉讼当事人和社会民众的压力。尤其是在以审判为中心的诉讼制度改革开展以后，情况更是如此。以审判为中心的诉讼制度改革不仅从外部确立了审判在刑事诉讼中不同于侦查、起诉的中心地位，而且在审判活动内部确立了以庭审为中心的地位。以审判为中心的诉讼制度改革并不是以法院为中心，因此并非法院采取任何审判方式都可以，而是要求审判应当以庭审为中心。没有以庭审中心主义为基础的审判活动，审判的正当性、公正性和权威性将无以产生和存在，从而在诉讼全过程中确立审判中心主义的地位也不可能。而以庭审为中心就要求公安、检察机关与法院"互相配合"，其中核心要求是在审判活动中应当按照直接言词原则切实履行举证责任，包括保证有关人员出庭作证，接受质证。[①] 在审判中心改革之后，案件经过侦查、审查起诉、审判的层层控制，在这种层层控制的模式下，保障诉讼正义结果、防范冤假错案的最大责任方在法院，法院原先走过场式的审判不能有效发挥庭审实质化的作用。在这种模式下，审判程序处于中心地位，从而有效发现并纠正公安机关和检察机关原先所犯错误。相应的，法官的职责更重，错案追究的压力也更大。

四、法院和检察院司法责任制的不同点

上文已述，检察权的属性具有多样性，兼具行政属性、司法属性和监督属性，检察业务也具有多样性和复杂性，检察运行规律也异于审判运行规律，而且不同的检察业务的运行规律也具有各自的特殊性。因此，检察权由于自身的性质以及在国家权力构造中的位置，决定了其独立的相对性和有限性，因此检察权独立行使与审判权的独立行使还有程度上的区别。检察权的独立只是一种相对独立，这种独立与只服从法律，不受任何干涉的法院独立存在程度上的区别。[②] 检察权力属性的复杂性，检察业务的多样性以及检察运行规律的独特性决定了检察人员司法责任制在基本要素等方面跟法院的司法责任

---

① 顾永忠：《"以审判为中心"是对"分工负责，互相配合、互相制约"的重大创新和发展》，载《人民法院报》2015 年 9 月 2 日。

② 龙宗智：《论依法独立行使检察权》，载《中国刑事法杂志》2002 年第 1 期。

制并不完全相同，而是具有特殊性，需要认真研究。然而由于我国将检察机关和审判机关都视为司法机关，检察权和审判权都是司法权的组成部分。检察院和法院在管理体制、权力运行机制等方面有很多共性。又加上从世界范围来看，从权力本源来看，法官与检察官这种同宗同源的历史，剪不断理还乱，经常会自觉不自觉地发生趋同性认识。① 所以，我国检察院和法院在很多方面都是趋同的。因我国法院改革方面的研究相对更深入，所以检察改革中很多举措都跟法院如出一辙或紧随其后，表现在司法责任制改革中也是如此。这种倾向并未注意到检察权力属性的复杂性，检察业务的多样性以及检察运行规律的独特性。

另外，检察院和法院的宪法定位不同，职权内容不同，尤其是公诉程序和审判秩序在以审判为中心的诉讼制度改革中的地位不同，在法院改革以及检察院改革中不能"一碗水端平"，也应体现出差异性，在司法责任制改革中也是如此。但现在的司法责任制改革中有一种倾向是法院和检察院的改革举措都是"一碗水端平"。上述法院和检察人员司法责任制改革中的两种倾向都有一个共同的特点，那就是更多关注法院和检察院的共性，却并未注意到法院和检察院存在的差异性，从而导致改革举措的同一性。以后司法责任制改革的相关举措应该在注重检察院和法院共性的基础上强调检察院和法院的特殊性，注重改革举措的差异性。

（一）检察一体与检察独立

上文已述，相比于审判权，检察权的权属具有复杂性，兼具行政属性和司法属性。检察一体与检察官独立分别对应于检察权的行政属性和司法属性，这是检察机关具有双重属性的反映。因检察权具有行政属性，就要遵从上下一体、上命下从的原则，因检察机关不乏司法属性，因此应尊重司法权运行的规律，尊重一线检察官的办案主体地位。目前司法责任制改革组建新的办案组织、形成新的办案模式，突出检察官的办案主体地位，赋予检察官一定的办案决定权，符合检察权的司法权属性，改变了以往检察办案活动中过分注重行政性的弊端。但检察办案的独立不同于法院的独立，在我国现行检察体制下，应肯定检察长对检察权的运行拥有最终的控制力，以保证检察机关的一体

---

① 门金玲：《侦审关系论纲》，载《河北法学》2010 年第 12 期。

化和检察权的运行方向。[①] 因此，检察办案的独立是在贯彻检察一体前提下的独立，这种独立是一种相对的独立，是在检察一体下的独立。因此，在推进司法责任制的过程中，必须处理好检察一体与检察独立的关系。均衡二者的关系是检察办案司法责任制的关键和难点。因此，在检察权运行中需要正确处理上下级检察机关、检察长、检委会和检察官的权责关系。在授权于检察官办案决定权的同时，应加强上级院对下级院的监督制约，法律规定必须由检察长或者检委会行使的职权不应授权于检察官，对于一些重大、疑难复杂，社会关注度大的案件还需检委会审查。当然也应建立对检察长的监督制约机制，检察长行使领导权需严格遵循法定条件和程序，检察长发布指令也应书面化和公开化，检察官也应有适度的抗命权。另外，由检委会审理的案件范围应进一步限制和严格把握。而法院审判权的属性具有单一性，只有司法属性，因此，法院推行司法责任制的过程相对简单，除由审委会审理的少数案件外，应赋予办案法官决定权，突出其独立地位，法院的独立不受一体化的限制。

（二）权力清单的不同

司法责任制的核心和本质是检察权在检察官、检察长和检委会之间的重新优化配置。因此需要通过制定权力清单的方式明确检察权的配置，明晰各主体的权责，权力清单是司法责任制的基础和关键。

首先，赋予办案检察官的部分决定权来源于哪儿现在很有争议，存在来自检察长的授权和检察制度规定的依法分权两种观点的争鸣。现在通说观点认为来源于检察长的授权，只有检察长拥有完整的检察权，因为现行三大诉讼法并未明确检察官在执法办案中的独立地位。因此，即便未来通过修改法律可以实现检察权向检察官的回归，但至少目前，检察官的权力来源于检察长的授权。因此如何授权、授权的限度或者采取的标准是检察权力划分的核心问题。授权时需要科学、合理的协调检察人员司法责任制与检察长负责制之间的关系。目前该问题也存在很大争议，从几个试点单位的情况来看，目前授权时相对慎重，除法律规定的必须由检察长、检委会行使的职权外，检察长或检委会还行使重大疑难复杂案件或者终局性问题的决定权。对于法院而言，依法独立行使审判权是法院作为整体的独立，而不是作为个体的法官的独立。因为法院设立的审委会对重大案件的处理具有决定权。但按照我国

---

① 吴建雄：《检察权运行机制研究》，载《法学评论》2009 年第 2 期。

法律的规定，在法院有独任法官、合议庭和审委会三种审判组织，这三种审判组织是独立审判的主体，审委会只审理少数重大案件。院、庭长不得签发未参加审理案件裁判文书，不得强令合议庭改变评议意见，不办案子就没有案件的裁决权。因此，法官的办案决定权并非来源于法院院长的授权，这是由司法权的本质所决定的。

其次，我国检察机关的职能具有多样性和复杂性，对于批捕、公诉、诉讼监督等不同的业务部门，如何根据职能特点确定适合本部门的授权范围和授权方式，这是各部门具体落实司法责任制的关键。因此，在根据现有检察制度和法律规定精神作出有关授权的总体性的规定的基础上，还应具体结合各检察职能部门的特点，区别对待，因地制宜，不宜"一刀切"。如公诉权、批捕权的司法属性最强，更多体现司法判断性，需要司法亲历性，另外，公诉权、批捕权的程序制约性最强，前有公安机关后有法院，全程还有其他诉讼参与人的制约。因此，对于批捕权和公诉权而言，应最大限度地放权给检察官，突出其办案主体地位。而诉讼监督既有行政属性又有司法属性，更加复杂，在授权时争议更大。因此，检察授权还存在检察业务的区别，应研究不同检察业务的特点，区别对待。而法院业务具有单一性，权力清单自然不受不同业务的影响，权力清单也具有单一性。

最后，审委会改革和检委会的改革问题。审委会和检委会制度是具有中国特色、体现民主集中制原则的一项制度设计，同时也是一项具有时代印记、在一定历史时期发挥积极作用的制度创新。然而检察权和审判权具有不同于一般国家权力的特殊性，司法权注重事实与法律的独立判断，民主集中制原则所要求的少数服从多数的决策方式并不符合司法权特殊性的要求。因此，近年来审委会和检委会一直不断处于改革中，但是审委会改革和检委会改革的差异性不大，具有同一性。检委会的存在虽然贯彻了民主集中制原则并且也实现了集体领导，但是检察权运行机制的一大原则是检察一体化，而检察一体化的原则和民主集中制原则存在一定张力。检察委员会实行民主集中制，少数服从多数，检察长可以不同意多数人的意见，但是要推翻多数人的意见必须提请同级人大常委会或者上级人民检察院决定。[①] 由此可见，检委会实

---

① 谢鹏程：《检察官办案责任制改革的三个问题》，载《国家检察官学院学报》2014年第6期。

行民主集中制，但是检察长有权不同意多数人的意见，从而贯彻了检察一体化的原则，这和审委会的议事规则完全不同。与该情形相似的是，法院合议庭是办案组织，可以以自己名义作出判决，合议庭也适用民主集中制的原则，这样在各个法官独立判断的基础上群策群力，最终集中大家的智慧办案。长期以来，我国基层法院实行以合议庭审判为原则、以独任法官审判为补充的审判组织制度。独任法官审判的案件主要被限制在那些适用简易程序的案件。而合议庭作为一种奉行集体决策的审判组织，被认为可以发挥多个法官、陪审员的智慧，避免单个法官在司法决策中可能出现的偏颇，甚至可以减少法官滥用自由裁量权的情况发生。[①] 然而检察官办案小组实际上还是一个以办案为中心的行政化组织，在检察官办案组内不实行民主集中制，若检察官意见不能统一，那么应该提请检察长决定。这也是贯彻检察一体化原则的要求，这也是法院和检察院的不同。因此，检察机关内部运行机制的主要规范原则应当是检察一体，违背这一基本规律强调民主集中制的最终结果只能是使看起来很美的民主集中制流于形式，检委会多年来的运行实践已经充分表明检察长完全能够通过各种方式掌控检委会。[②] 在检察长完全能够通过各种方式掌控检委会的情况下，在民主集中制原则和检察一体原则存在张力的情况下，检委会应否存废的问题比审委会应否存废的问题更尖锐。另外，检委会和审委会存在的合法性基础之一是原先我国检察官和法官的职业素养、职业能力、法律知识储备等都有待于进一步提升和巩固，因此检委会和审委会的存在是保障案件质量，实现案件公平正义的重要抓手。但因审判权是具有终局性效力的权力，能够对当事人双方的利益产生最终影响，而检察院的公诉权则是一种程序性的制约权力，并不具有终局性。因此对法院办案质量的把关和控制更具有实效性。另外，随着以审判为中心的诉讼制度改革的推进，法院审判阶段在整个诉讼阶段处于中心地位，法官办案质量的高低对于案件公平正义的实现更具有实质意义。因此，从保障办案质量的角度看，审委会存在的空间也比检委会更大。在此结论指导之下，检委会和审委会具体改革的进程和措施应如何区别对待尚需进一步探究。

---

① 陈瑞华：《法院改革的中国经验》，载《政法论坛》2016 年第 4 期。
② 程雷：《新一轮检察改革的三个问题》，载《国家检察官学院学报》2013 年第 5 期。

（三）办案责任制模式的不同

相比于法院来说，检察院的检察权力属性的复杂性，检察业务的多样性以及检察运行规律的独特性决定了检察人员司法责任制在具体落实中具有不同的办案责任制模式。检察人员司法责任制的办案责任制模式具有复杂性，需要分类创制。

如对于刑事检察部门而言，由于批捕权和公诉权司法属性较强，因此在办案组织上应体现亲历性、扁平化管理，因此刑事检察部门应该主要以独任检察官为主要的办案组织形式，只有在遇到疑难复杂案件，独任检察官难以胜任时，检察官办案组才会发挥相应的作用。从职权上说，公诉权、批捕权的司法属性最强，更多体现司法判断性，需要司法亲历性，另外，公诉权、批捕权的程序制约性最强，前有公安机关后有法院，全程还有其他诉讼参与人的制约。因此，对于批捕权和公诉权而言，应最大限度地放权给检察官，突出其办案主体地位。另外，由于批捕权重大，涉及嫌疑人的重大人身权益，因此检察长应对办理案件的检察官履行更大的监督职责。对于诉讼监督而言，上文已述，诉讼监督工作由两部分组成，两部分分别体现了行政属性和司法属性，因此诉讼监督办案组的情况更复杂，内部是否遵循上命下从，需要具体分析。另外，诉讼监督的范围广泛，事项繁多，诉讼监督既包括刑事案件的监督，也包括民事案件和行政案件的监督，不同的诉讼监督具有不同的特点，因此到底采取独任检察官模式还是检察官办案组模式，不能一概而论，需要视具体情况而定。如侦查监督针对侦破案件、收集证据的职务犯罪侦查部门，而民事行政检察则主要针对法院认定的事实证据，适用的法律，因后者并不太需要团队协作，因此更多的可采取独任检察官模式，而前者则团队协作的多些，因此需要根据情况采取检察官办案组的模式。从职权配置来说，诉讼监督兼具行政属性和司法属性，不同的诉讼监督工作有着不同的侧重，因此，需要根据具体的工作属性确定由检察官作出决定还是由检察长、检委会作出决定。

（四）监督制约的不同

检察院和法院司法责任制的监督制约有诸多共性和相似之处，如都需要形成内部监督和外部监督的合力，外部监督都需要司法公开，接受群众监督，都需要律师的参与等。内部监督都需要发挥案件流程管理的作用，都需要进行案件的评查，需要考核评价等。但因检察权具有行政权的属性，检察院实行上级领导下级的领导体制，实行检察一体，上命下从。因此，监督权在法院所体现的是监督者与监督对象之间"相互制约、彼此独立的平行关系"，在检察院所体现的则主要是上命下从关系，监督的内容主要是司法业务中的实体和程序事项。① 因此，在构建监督制约机制时也应重视检察权的特殊性。

首先，为了实现检察一体化，为了保障案件审判质量，检察院更应该加强对检察官办案的监督制约。其次，相比于法院而言，检察院的司法责任制改革重点强调上级检察机关对下级检察机关的领导制约，重视检察长对检察官的监督制约，这是检察一体化的要求，也是检察权行政权属性的体现。上级检察院对下级检察院有业务领导权，上级检察院享有信息知悉权、工作部署权、办案指挥权、业务考评权、督察权等。② 具体说来上级对下级的监督制约可以通过报备审查、案件指定管辖等实现。当然在上级检察机关加强监督制约时，应慎用指令权，检察指令应当通过稳定化、规范化、程序化的方式作出。另外，应明确检察长拥有指挥监督、职务收取和职务移转权，检察长可通过检查案件、决定案件、将案件移交其他检察官办理、将重大有争议的案件提交检委会讨论，实现对检察官的办案监督。因此，相比于法院而言，因检察权的行政权属性，检察院实行检察一体化的领导体制，因此在监督制约方面，检察院在推行司法责任制，放权给检察官的同时，更应该注意加强监督制约，以规范检察权的运行，更好地实现检察一体，另外，检察院的监督制约更应该强调上级检察机关以及检察长的监督制约作用，而法院的监督制约主要通过审级监督的方式以及外部的监督，当然法院上下级的审级监督制约和检察院的上下级之间的监督制约并不相同。

（五）考评考核的不同

首先，检察业务从批准或决定逮捕、起诉等环节一环接一环，由于各项业务标准不同，考评的指标自然也存在区别。对批捕、起诉、民行检察、控申、监所检察等部门，应分别根据相应的工作性质制定标准进行考核。其次，各业务部门自上而下进行考评，而未能对部门间的配合协作方面设定相应的考评指标，容易造成各部门间的扯皮和矛盾，不利于促进各项工作协调配合，共同发展。因此，除各条线业务的考核外，还应注意科学设置各业务部门之

---

① 朱孝清：《错案责任追究与豁免》，载《中国法学》2016 年第 2 期。
② 向泽选：《检察权宏观运行研究》，载《国家检察官学院学报》2006 年第 1 期。

间的配合协作的考核指标。而法院的业务具有单一性，并不存在条线考核的差异，以及条线之间协同、配合考核，相对简单。最后，构建检察机关的考评制度时应遵循检察规律，一方面要保障检察权的独立行使，另一方面要强调检察一体。为了保障检察独立，不能以法院的判决结果作为确定是否是错案的标准，否则会弱化检察权的独立行使。而强调检察一体，需统一执法标准和行为准则，因此在考评时应统一同类案件执法质量标准，统一办案程序。另外，检察一体还要求检察机关在组织结构上的一体化、管理的层级性与上下级之间、同级之间在工作上的统筹安排，相互配合，通过检察系统内部的协同作战、形成合力。因此需要在考评中加强上下级的领导，强化检察权能的配合与制约。[①]因法院并不实行上下一体的领导体制，因此在考核时主要强调法官独立行使审判权，并不强调上下一体化。

（六）责任追究的不同

首先，检察人员司法责任制的责任主体复杂。因检察权兼具行政属性和司法属性，因此在落实司法责任制，突出检察官办案主体地位的同时应协调检察一体与检察独立的关系。检察官的独立是检察一体下的独立，是一种有限的独立，检察官的权力来源于检察长的授权。基于检察一体的领导体制，检察长或者检委会、上级检察院仍享有部分案件的决定权，而且不同检察业务的权力清单也存在差异。因此，根据不同性质的检察权以及不同的办案情形，有时案件的决策者和执行者是一致的，有时则是分离的。也就是说，有些案件的承办人即案件的决定者，承担案件的承办责任和决定责任，但有些案件的承办人并不具有决定权，而是由检察长或者检委会承担案件决定权。如检察长或者检委会改变或者部分改变检察员决定的，检察员对改变的部分不承担责任，原本应由检察长或者检委会作出决定的事项，检察员更不承担决定责任，只对事实和证据负责。当然若认为检察官享有对案件的审批权的话，那么检察官也享有部分案件的决定权，承办相应的办案责任。而法院的责任主体则简单多了，除少数仍由审委会办理的案件外，其余绝大多数案件的审理权和决定权都应回归到法官手中。院庭长不具体审理案件的则不再签发文书，真正做到"让审理者裁判、由裁判者负责"。因此法院的司法责任主体较容易确定。

其次，检察人员司法责任制的惩戒主体复杂。由中立、专门的外部惩戒

---

① 张清：《检察机关考核考评制度的构建》，载《国家检察官学院学报》2012 年第 2 期。

机构对检察官实施惩戒是各国检察官惩戒制度的重要内容。但由于检察权属的复杂性，基于检察一体化的领导体制，惩戒主体不应仅包括外部惩戒机构，还应包括检察长。检察长对检察官负有管理、监督之职，适度的惩戒权是检察长对检察官进行科学管理的必要手段，是发挥内部监督功效的坚实基础。检察长对检察官的不当或者失德行为进行调查，并决定是否作出处罚以及作出何种处罚决定，当然严重的处罚应报惩戒委员会裁决。由于检察院奉行检察一体，因此检察人员司法责任制的问责应该也具有行政色彩，所以检察长拥有部分惩戒权是检察一体的要求，也是检察一体的表现，也有利于发挥内部监督的功能。

再次，检察人员司法责任制的错案标准复杂。检察院全程参与刑事诉讼活动，兼具批准逮捕、审查起诉以及对诉讼活动的全程监督等诸多职能，是典型的直线型、流程型职能设计。根据检察职能对检察机关办理的案件进行分类是进行错案追究的前提和基础。从检察业务看，这几类案件各有特点，检察各环节的错案类型也各不相同。如批捕案件的错误主要是错捕、错不捕、错押。如起诉的错案主要是错起诉和错不起诉。另外，从具体的错案标准看，因每个阶段的证明标准特殊性，刑事诉讼本事是一个不断变化的动态过程，不同阶段都有各自的特点和要求。如刑事拘留要求"有重大嫌疑"，起诉要求"认为犯罪事实已经查清，证据确实、充分"。因此，逮捕的条件和起诉、审判的条件有明显的差距，不可混同。另外，随着诉讼程序的推进和侦查情况的变化，案件事实与证据会发生变化，有的会查实，有的会推翻，因此不同阶段的标准不能混同，也不能倒推。而法院的审判虽涉及刑事、民事、行政等多种类型，但这些活动都是审判活动，业务单一，错案标准就是审判的标准，因此错案责任相对容易确定。

复次，在监督管理责任方面，监督管理权中的管理权所体现的是管理者与管理对象之间纵向的决定与服从关系，管理的内容主要是行政事务，如办案人员的分工组合、案件的分派、办案秩序、安全、作风和纪律，考核奖惩等，同时也包括纵向属性较强的某些司法程序性事项，如法官、检察官回避、司法文书公开等。监督权在法院所体现的是监督者与监督对象之间"相互制约、彼此独立的平行关系"，在检察院所体现的则主要是上命下从关系，监督的内容主要是司法业务中的实体和程序事项。[①] 由此可见，在管理权方面，检察院和法院在管理者与管理对象之间的关系以及管理权的具体内容方面都是一致的。然而在监督权方面，法院和检察院则存在很大不同，即在法院中监督者和监督对象之间并不是上命下从的关系，而是彼此独立的关系，法院领导并不能对法官的办案产出直接影响，院领导监督职责的发挥需要具备一定的程式，即除参加审判委员会、专业法官会议外不得对其没有参加审理的案件发表倾向性意见。而且专业法官会议只起到咨询作用，并不能直接作出判决结果。由此来看，法院院领导的监督作用范围是有限制的，而且在院领导参加审委会案件之外，假若院领导对其他案件的处理结果存在不同意见，院领导并不能直接改变。而在检察院，因奉行检察一体化的原则，监督者和监督对象之间是上命下从的关系。在检察办案中若检察长不同意检察官办案意见的，检察长可以直接自己作出决定，或者行使案件职务移转权，将案件交给其他检察官办理。因此，检察院领导的监督权作用范围较之于法院领导的要大，而且检察院领导可以直接影响检察官办理案件的结果。在这种情况下，检察院在监督管理责任方面的制度设计会更复杂，而且这些制度设计也更迫切。比如检察院需要合理处理检察院领导监督和检察官独立办案之间的关系，需要从实体和程序方面科学规制检察院领导的指令权，需要通过履职保障制度等安排保障检察权依法独立行使等，另外，在监督管理类司法责任的追究方面，检察院也更需要有效的制度安排。

　　最后，在发生错案后，在检察院和法院错案责任的分担方面，因刑事案件需经过侦查机关侦查、检察机关审查起诉以及审判机关的审判工作，因此，在错案发生后，侦查机关、检察机关和审判机关都是责任承担方，三者都难辞其咎。也因此，侦查机关、检察机关和审判机关都有相应的错案责任承担的规定，而且三机关独立承担责任。但是错案发生后，三机关应当承担相同的司法责任吗？检察机关和审判机关承担责任的大小一致吗？解决该问题的关键在于厘清三机关在刑事案件中职责所在。按照我国《刑事诉讼法》的规定，侦查机关负责侦查职能，查清案件事实。检察机关负责审查起诉，承担控诉职能。而法院则承担不偏不倚地中立裁判职责。因此，从冤假错案发生的原因看，公安机关应该负有主要责任，而审查起诉中的检察院最终提起公

---

① 朱孝清：《错案责任追究与豁免》，载《中国法学》2016 年第 2 期。

诉，即认可了公安机关的侦查结论，从而使得检察院与公安机关具有对案件事实的连带保证责任。法院是裁判机关，处于控辩双方之间，地位中立，其核实证据，但不调查具体的证据；在事实真伪不明而又无法核实时，其应当作出无罪判决。由此可见，公安机关与检察院具有连带地向法院证明案件事实的责任，而法院只有在认为案件事实清楚，证据确实、充分时才可以作出有罪判决。① 当然，虽然检察院与公安机关具有对案件事实的连带保证责任，但对案件事实承担责任的主要在于公安机关。也即对于案件事实的提供来说，对于证据的调查来说，责任主要在于公安机关，检察院负有较小的责任。但按照《刑事诉讼法》的规定，其实检察机关和审判机关承担的主要是审查责任。在起诉环节，检察院承担控诉职能，检察院对提起公诉的案件是否达到法定证明标准负证明责任。公诉审查中的检察官，相当于审前程序中的法官。检察官的公诉审查跟法院的审查相比更多是一种形式性审查，因为检察官的公诉审查以书面审查为主，不像法庭审判中那样需要证人出庭作证，从而贯彻直接言辞原则、集中审理原则等。因此检察院的公诉审查更多是对案卷的形式性审查，而法院的庭审则是一种实质性审查。又因为就不同诉讼活动的特点来看，侦查、审查起诉、审判的公开性、参与性、对抗性也是审判活动最大，审查起诉活动次之，侦查活动更次之。其所以如此，除了有利于侦查破案，发现犯罪，查获犯罪人之外，也是为了防范冤案的发生。从认识论的角度看，审判人员对于案件的认识条件和环境最充分，其对案件事实的认识也应当最全面、最正确，检察人员次之，侦查人员更次之。② 所以从对事实和证据的审查来看，法院的作用比检察院要大。特别是以审判为中心的诉讼制度改革实施之后更是如此。这也就是说，从导致冤案发生的原因来看，无疑与侦查机关关系最大，检察机关次之，审判机关再次之，若从三机关在防范冤案发生的地位上讲，则审判机关责任最大，检察机关次之，侦查机关再次之。③ 因此，若要发生错案，那么从对事实和证据的审查来看，法院更多起到实质性的审查作用，法院所起到的作用比检察院要大，也因此，法官应该比检察官承担更重的错案责任。

---

① 陈海锋：《错案责任追究的主体研究》，载《法学》2016 年第 2 期。
② 顾永忠：《以最大的责任防范冤案发生》，载《人民法院报》2013 年 6 月 7 日。
③ 顾永忠：《以最大的责任防范冤案发生》，载《人民法院报》2013 年 6 月 7 日。

（七）履职保障制度方面的不同

员额制改革中，检察院面临的困难明显要大于法院。因为法院是公认的司法机关，增强法官的独立性和职业保障是现当代司法的应有之义，但是检察院则普遍兼具司法、行政两种属性，甚至在不少西方国家并不被看作司法机关，则检察院的"员额制"就需要在司法的独立性与行政的等级性、从属性、一体性之间，为检察官寻找合适的定位，这种"度"的拿捏显然极为困难。[①] 司法责任制改革就是为了放权给检察官，突出检察官的办案主体地位，健全检察权独立运行机制，实现权责一致的改革目标。而检察一体化又是检察机关领导体制和检察权运行机制应该遵循的基本原则，因此，检察人员司法责任制改革的难点就在于如何协调检察一体与检察官独立的关系。因此，在员额制改革方面，检察院面临的主要问题是保障检察一体的基础上增强下级院对上级院的制衡能力，保障检察官独立的实现。当然具体举措包括如何明晰检察官的权力清单，如何规制检察长及上级检察院的指令权，如何完善检察官履职保障制度等。而在法院方面，在员额制改革中法院的主要问题是如何遴选出精英化、专业化的法官队伍。虽然现在检察院的改革也在强调检察官的职业化建设，但是相比之下，法官的精英化、职业化建设之路更加重要。法官的职业素养、业务素质、职业伦理道德等方面在法律职业共同体中应该是最高的。因为检察权归根结底不是终结性的实体处理权，更多的是程序性的制约性权力，在诉讼过程中检察机关更是处于中间环节，前后均有其他机关的制约。[②] 而法院的审判程序则是诉讼的最后阶段，法院的判决最终产生法律效力。特别是在以审判为中心的诉讼制度改革后，法院的审判阶段在整个诉讼程序中处于中心地位，此时法官的职业技能和职业伦理则至关重要。因此，在遴选方面，法官的遴选标准应该严于检察官的遴选标准。

在财务保障方面，在人身安全保障方面，法院的标准也应该比检察院更加严格。如前所述，法院审判结果会对当事人的权利义务产生最终法律效力，而且法院的审判阶段处于整个诉讼程序的中心地位，因此，法官在审判中面临的来自诉讼当事人以及法院内外部的压力比检察官更大。而且前文也已经

---

① 李刚：《上级检察院领导与下级检察院依法独立办案关系研究》，载《法学杂志》2016 年第 9 期。

② 程雷：《新一轮检察改革的三个问题》，载《国家检察官学院学报》2013 年第 5 期。

分析，在发生错案的情况下，法官所担负的错案责任比检察官的要大。也就是说，法官在审判中所承担的责任比检察官更重。另外，在独立性方面，法官一般情况下只服从法律和自己的内心确信，而检察官的独立则是一种相对独立，是兼顾检察一体原则下的检察官独立，检察官在办案中受到检察长和上级检察院的监督制约。因此，在享有的权力方面，法官放权更彻底，法官的独立性更大，而检察官的独立性则受到很大限制。再加上上文所讲的，法官的遴选标准应该比检察官的遴选标准更高。根据"权责利相一致"的司法改革目标，法官享有更大的权力，承担更重的司法责任，那么法官在"利"方面也应该是更大的，而检察官在权、责、利这三方面都相对较小。因此，应该在财务保障方面，在人身安全保障方面给予法官更多关注和照顾。否则，在"案多人少"的巨大压力之下，在错案矛盾集中于法院的背景下，法官和检察官"一碗水端平"的待遇将难以调动法官的积极性。然而有实证研究表明，现实中却并非如此。该实证研究在经费保障方面设置了基础设施、基本装备、活动经费、工资福利四个指标，其中基础设施指标考察办公设施是否有保障，基本装备指标考察办案工具配备情况，活动经费指标考察业务经费保障程度，工资福利指标考察办案人员工资福利是否有保障。从实证调查结果来看，公安机关、检察院和法院三家在基础设施、基本装备、活动经费、工资福利四个指标上得分基本差不多，而且三家在上述四个指标上的得分由高到低分别是公安机关、检察院、法院。[①] 也就是说，在三家经费保障的评价对比中，审判工作在指标体系中的评价得分最低，也即在经费保障方面，检察院做的比法院还要到位，由此也说明审判工作经费保障提升的任务迫在眉睫。

[①]　朱景文：《中国法律发展报告（2015）》，中国人民大学出版社 2016 年版，第 149~173 页。

第八章 "以审判为中心的诉讼制度改革"
背景下的检察人员司法责任制

为了实现公正司法，提高司法公信力，党的十八届四中全会提出了诸多举措，如完善确保依法独立公正行使审判权和检察权的制度、优化司法职权配置等，而推进严格司法也是组成部分之一。为了将严格司法落到实处，全会通过的《中共中央关于全面推进依法治国若干重大问题的决定》（以下简称《决定》）要求"推进以审判为中心的诉讼制度改革，确保侦查、审查起诉的案件事实证据经得起法律的检验"。这就是"以审判为中心的诉讼制度改革"，这是从顶层设计的角度对我国未来诉讼制度改革所作出的重大部署，深刻认识、理解并贯彻落实好这项改革举措，对于下一步改革的整体布局，对于诉讼制度的总体再构，都将产牛重大而深远的影响。

一、"以审判为中心的诉讼制度改革"的概念解析

如何理解"以审判为中心的诉讼制度改革"，当前学界、公安司法机关对此都存在不同的认识。在学界，有观点认为，"以审判为中心的诉讼制度改革"就是"以庭审为中心"，把"以审判为中心的诉讼制度改革"和"以庭审为中心"划了等号；也有观点认为，"以审判为中心的诉讼制度改革"就是"以法院为中心""以法官为中心"；还有观点指出，"以审判为中心的诉讼制度改革"就是以证据为核心，在证据的收集、保全、审查判断上，侦查和起诉都要以法院定罪量刑的标准为标准。[①] 在实务部门，基于各自立场的差异，不同的部门对该问题的理解并不一致。

现在一般认为，审判中心主义离不开以庭审为中心。庭审中心针对庭审空洞化的现实，提出将庭审活动实质化，让事实的调查、证据的采信、法律

---

① 陈卫东：《以审判为中心：解读、实现与展望》，载《当代法学》2016 年第 4 期。

的争议都通过庭审过程来完成，充分发挥庭审的功能。正如最高人民法院第六次全国刑事审判工作会议指出的那样，审判案件以庭审为中心，应当做到事实证据调查在法庭、定罪量刑辩论在法庭、裁判结果形成于法庭。这种观点避免刺激侦查和控诉机关，以防在深化这一改革进程中引起公安机关、检察机关的反弹、阻力，而且最主要的是抓住了"以审判为中心的诉讼制度改革"的核心。因为以庭审为中心是实现以审判为中心的诉讼制度改革的必要条件和重要途径，没有以庭审为中心的审判活动，法院权威无从确立，审判中心主义也无法产生和存在。① 庭审中心主义是实现审判中心主义的主要途径。分歧点在于以审判为中心的诉讼制度改革是否就是以庭审为中心，也就是庭审中心主义。二者是否同一。

"以庭审为中心"对应的是审判程序中的庭前准备程序和审后程序，仅以这三种程序比较而言，庭审才是中心。在刑事诉讼中，"以审判为中心的诉讼制度改革"所对应的是侦查和起诉，在侦查、起诉和审判三者关系中，审判是中心。而且以审判为中心的诉讼制度改革解决的问题是目前刑事诉讼中侦查决定起诉、起诉决定审判的"侦查中心主义"的局面，针对的是量刑中最主要的环节，即审判阶段虚化的现实。因此，以审判为中心的诉讼制度改革还应还原审判阶段在整个诉讼阶段的核心地位，审前阶段应当服从于并服务于审判阶段。一言以蔽之，"以审判为中心的诉讼制度改革"是一个比庭审中心主义更为上位的概念，"以审判为中心的诉讼制度改革"包含以庭审为中心，庭审中心主义是实现审判中心主义的主要途径。② 但审判中心主义还应解决侦查、起诉等活动与审判的关系问题。如果"以审判为中心的诉讼制度改革"的含义仅限于庭审实质化的内涵，实际上就成了没有任何新意的口号，这种刻意回避审判中心主义的态度可能造成作茧自缚的效果，反而使复原审判中心主义的本来含义的未来前景变得暗淡。③

---

① 顾永忠：《试论庭审中心主义》，载《法律适用》2014 年第 12 期。
② 陈国庆、周颖：《"以审判为中心"与检察工作》，载《第十一届国家高级检察官论坛论文集》，中国检察出版社 2015 年版，第 587 页。
③ 张建伟：《审判中心主义的实质内涵与实现途径》，载《中外法学》2015 年第 4 期。

二、"以审判为中心的诉讼制度改革"对检察官的挑战

首先，检察官任务更重。审判中心主义要求庭审实质化，庭审不再走过场，庭审在事实认定、证据采信、法律适用、裁判形成中发挥关键性作用。诉讼中心由侦查机关转到审判机关，相应的非法证据排除、保障人权、防止冤假错案等多方面的职责需要审判机关承担，审判机关应发挥其对侦查机关和检察机关的审查作用。审判中心主义要求案卷移送制度发生改革，审判机关不是单纯地依靠案卷笔录形成判决，而应在庭审中通过开庭的方式，在控辩双方对指控被告人有罪的证据逐一举证、质证、认证、辩论的过程中，形成自由心证并最终作出裁判。因此在庭审实质化中，不但法官任务更重，检察官作为控方的任务也会加重。

其次，检察工作的要求更高。审判中心主义下，从案件审理到判决的全部任务都交给了庭审，整个诉讼活动都在庭上作出，而在庭上法官是指挥和控制中心，控辩双方在法官的引导和指挥下从事诉讼活动。因此，第一，在审查起诉阶段，检察机关应将重点放在审查上，检察机关应当对移送审查起诉的案件进行全面的审查，通过审阅案卷材料、讯问犯罪嫌疑人、听取辩护律师与被害人的意见、核实各类证据等方式来具体判断案件是否已经达到起诉的标准。第二，在庭审阶段，公诉案件中被告人有罪的举证责任由人民检察院承担，对被告人不认罪的，人民检察院应当强化庭前准备和当庭讯问、举证、质证。目前公诉人应当在庭审中举证、质证的工作与要求还有很大的改进空间。第三，在法律监督方面，虽然"审判"是刑事诉讼的中心，但这并非否定了检察机关作为法律监督机关的重要作用。相反，在实现"以审判为中心的诉讼制度改革"的过程中，检察机关的法律监督职能应当得到进一步的强化。党的十八届四中全会《决定》明确指出的"规范司法行为，加强对司法活动的监督"就表明了这一立场。审判中心主义要求侦查主体在进行侦查行为时比照审判的标准进行，侦查所取得的证据要具有相应的证据能力，要足以清楚证明案件事实。侦查监督的目的就在于保障该要求的达成，通过监督侦查行为的合法性，保证侦查所取得的证据能够在庭审中使用，而非因程序合法性问题影响审判活动的顺利进行。"以审判为中心的诉讼制度改革"中的侦查监督工作应当向两个方面展开：其一，监督侦查取证行为是否合法，保证侦查所取得的证据具有合法性。其二，注重强制措施的妥当适用。对于

审判监督权的行使，应当将重点放在对一审刑事案件裁判的抗诉上，弱化其对于庭审的监督。

最后，检察官职责更大。审判中心主义虽然回归司法规律，革除传统运行机制的弊端，旨在恢复原先的公检法之间的关系，使法院在最终的定罪量刑中发挥决定作用，从而有利于实现公平正义，提高司法公信力。无论是在审查起诉阶段还是在庭审阶段或者在法律监督方面，检察机关都将发挥实质性作用。而在检察机关内部，由于实行司法责任制，突出了检察官的办案主体地位，检察官的责任也就进一步加重。

三、检察人员司法责任制改革与"以审判为中心的诉讼制度改革"的关系

以审判为中心的诉讼制度改革是一项系统工程，是要对我国现行刑事诉讼制度作一系列的重大改革。需要完善辩护制度、证人出庭制度、严谨适用证据规则、让民众参与司法等，统筹推进、整体运作。除此之外，审判中心改革还需要繁简分流、庭前会议等配套制度的支持，另外司法责任制改革也不可或缺。司法责任制改革是新一轮司法改革的"牛鼻子"，以审判为中心的诉讼制度改革是新一轮司法改革措施中最具影响力、意义最为深远的改革举措。但从二者关系上看，本文认为法院司法责任制是"以审判为中心的诉讼制度改革"的基础，以审判为中心的诉讼制度改革离不开司法责任制的支持和配合。具体来说：

1. 从司法权力运行方面说，以审判为中心的诉讼制度改革要求案件审判应以庭审为中心，应当做到事实证据调查在法庭、定罪量刑辩论在法庭、裁判结果形成于法庭。因此在审判中心的理念之下，"法官负有对公民的生命、自由、权力、义务和财产作出最后判决的责任"，因此必须保证法官站在中立、独立的立场上处理案件，这样才能使法官在司法中真正发挥保障实现社会正义的重大作用。 也就是说以审判为中心的诉讼制度改革，特别是庭审实质化，如果没有法官独立、中立的裁判，如果没有"让审理者裁判、由裁判者负责"，那么庭审实质化以及以审判为中心的诉讼制度改革将是一句空话，最终流产。因此，以审判为中心的诉讼制度改革的前提是优化司法职权，突出审判的中心地位，特别是庭审中法官的独立地位，真正做到审判独立。而对于检察官也是一样，在庭审实质化中，控辩双方的质证、认证、辩论是法

官作出正确裁判的前提。在审查起诉阶段，检察机关应将重点放在审查上，在庭审阶段，公诉案件中被告人有罪的举证责任由人民检察院承担，对被告人不认罪的，人民检察院应当强化庭前准备和当庭讯问、举证、质证。这些都需要检察官独立行使职权，通过亲历性进行审查起诉和出庭应诉。而要保障检察官依法独立行使职权，就得需要在检察院内实行司法责任制，改变以往的三级审批制，完善检察权运行机制。因为在现代汉语中，责任不仅指追责还包括做分内应做之事，即履行职责。追责是司法责任的组成部分，但不是全部，司法责任还包括司法人员履行好应尽的职责。司法责任的核心在于设计使司法官履行好职责的机制，而设计好该机制应遵循司法的本质和规律。司法的本质是判断，司法活动应遵循亲历性、中立性和独立负责的规律，司法的目的是实现公平正义。因此司法责任的本质不是追责而应是法官依法独立行使职权，确定责任主体，规范司法行为。有了检察官依法独立行使职权，有了控辩双方在庭审中实质性的对抗，庭审实质化和以审判为中心的诉讼制度改革才能落到实处。因此司法责任制是以审判为中心的诉讼制度改革的前提和基础。

2. 从错案追究方面说，不可否认，司法责任制的一个重要组成部分就是错案追究，错案追究是司法责任制的最基本含义，也是落实司法责任制的关键。司法问责要求对在检察活动中违反法律规定的职责和义务，造成严重后果的检察官，追究相应的法律责任。在国外，基于司法事务的重要性和保障法官、检察官队伍廉洁公正的需要，都建立了法官、检察官弹劾制度或者惩戒机制。[①] 这是防止冤假错案，督促检察官依法行使职权，规范检察官司法行为，保障人权，实现公平正义的重要步骤。特别是在以审判为中心的诉讼制度改革的背景下，控辩双方实质对抗增加，庭审中检察官的独立性增强，检察官的职责更重，检察工作对检察官的要求更高。因此落实司法责任制，严格错案责任追究，有利于冤假错案的昭雪，更重要的是通过错案追究规范检察官的检察行为，严防冤假错案的产生，起到事先预防的作用。因此，错案追究是以审判为中心的诉讼制度改革的重要保障，有利于检察权的规范行使，最终达至严格司法、实现公平正义的改革目的。

3. 从队伍建设方面说，以审判为中心的诉讼制度改革要求审判案件以庭审为中心，推行庭审实质化，检察官的任务更重，责任更高，更重要的是庭

---

① 金泽刚：《司法改革背景下的司法责任制》，载《东方法学》2015 年第 6 期。

审实质化对检察官在审查起诉阶段、出庭应诉阶段以及法律监督方面的要求更高，标准更严。这都需要检察官的专业化和职业化水平达至一定程度。选拔或培养具有司法职业伦理道德的检察官对于独立、公正的检察活动具有至关重要的意义，也是庭审实质化的保障。上文已述，司法责任的核心在于设计使司法官履行好职责的机制，而设计好该机制应遵循司法的本质和规律，因司法权的本质是判断，需要司法人员具有良好的法律专业素养和司法职业操守。因此司法责任的价值目标不是事后追责，事后惩罚司法官，而在于追求司法公正，在于培养与遴选有专业素养和职业操守的检察官，走检察官专业化、职业化之路，培养一支具有职业操守的专业化和职业化的检察官队伍。

四、检察人员司法责任制改革对"以审判为中心的诉讼制度改革"的回应

上文已述，以审判为中心的诉讼制度改革需要司法责任制发挥相应的支持和保障作用，司法责任制应为以审判为中心的诉讼制度改革创造条件。为了更好地发挥对以审判为中心的诉讼制度改革的保障和支持作用，司法责任改革应正视"以审判为中心的诉讼制度改革"的背景，建立符合司法规律和改革目的的司法责任制。从另一方面看，只有在"以审判为中心的诉讼制度改革"的背景下，只有在推行庭审实质化的过程中，司法责任制才能够真正落到实处。若无以审判为中心的诉讼制度改革，审判阶段的中心地位若无法凸显，庭审实质化若不能推行，那么，公检法三者之间的关系便无法复原，庭审虚化的现象也难以改观。如此情境下的司法责任制改革即便授予检察官独立检察权，即便废除三级审批制，但此时司法职权的配置仍不符合司法规律，仍无法发挥检察工作的应有作用，最终仍无法实现公平正义，这样司法责任制改革的目的也就成为空中楼阁，司法责任制改革便可有可无。因此，要真正落实司法责任，真正实收司法责任制的功效，就应推进庭审实质化，同时司法责任制改革应正视庭审实质化的背景，使得司法责任制改革适应庭审实质化的要求。

（一）检察官职权配置方面

在庭审实质化中，控辩双方的质证、认证、辩论是法官作出正确裁判的前提。在审查起诉阶段，检察机关应将重点放在审查上，在庭审阶段，公诉案件中被告人有罪的举证责任由人民检察院承担，对被告人不认罪的，人民

检察院应当强化庭前准备和当庭讯问、举证、质证。这些都需要检察官独立行使职权，通过亲历性进行审查起诉和出庭应诉，这都需要还权给检察官，健全司法权运行机制，让其依法独立行使检察权，改变以往三级审批制度，在权责一致的基础上，真正实现"谁办案谁负责""谁决定谁负责"。而如果检察院的三级审批制不改变，"谁办案谁负责""谁决定谁负责"也无法落实，检察权也无法依法独立行使，审判中心若没有检察官的依法独立行使检察权，那么庭审实质化也无法落实。因此，在落实司法责任制时，应授权给检察官，而且应该在绝大多数案件中最大限度地授权给检察官，让检察官依法独立行使检察权，真正做到"谁办案谁负责""谁决定谁负责"，最终在控辩平等的基础上，在审判阶段通过庭审方式形成裁判。在以审判为中心的诉讼制度改革之前，若强调赋权给检察官，会遇到来自院处长方面的阻力和牵绊，因为司法责任的本质就是将院处长手中掌握的职权通过分权的方式给检察官，因此院处长不一定有动力自发地、自觉地、自愿地落实司法责任制，甚至会在一定程度上阻碍司法责任制落实的进程。但"以审判为中心的诉讼制度改革"是新一轮司法改革措施中最具影响力、意义最为深远的改革举措，此次改革不是修修补补的小动作，而是要对我国现行刑事诉讼制度作一系列的重大改革。因此以审判为中心的诉讼制度改革将是在绝大多数案件中最大限度地赋权给检察官的一个重要契机和重要保障。

与该问题密切相关的另一问题是检委会的改革。目前一般认为检委会仍在一定限度内有存在的必要性和积极意义，不宜立即终止该制度的运行。但目前检委会仍存在一些问题，如上会讨论的案件比较多、比例比较大，另外，检委会是办案和决定分离的重要依托和最后阵地。在以审判为中心的诉讼制度改革背景下，检委会办案和决定分离的弊端更加凸显。为适应以审判为中心的诉讼制度改革，应该最大限度地缩减检委会讨论个案的数量和范围，并通过明文规定的方式使之具有强制力和约束力。对于少数提交审委会讨论的案件，为了解决"审者不判""判者不审"的弊病，可以附加其他限制条件，如上会案件必须有审判委员会委员旁听，甚至可以采取审判委员会委员"满席合议庭"的方式，直接审理重大、疑难和复杂的案件。① 检委会改革也可

---

① 张卫彬:《审判委员会改革的模式设计、基本路径及对策》，载《现代法学》2015 年第5 期。

以借鉴这样的方式处理问题。

（二）监督制约方面

司法责任制改革要求尊重司法规律，让检察官拥有办案决定权，司法责任制的目标是赋权和问责的统一，检察院的赋权强调检察官独立行使检察权。但以审判为中心的诉讼制度改革的根本目的在于确保办案质量，实现司法公正，包括司法责任制的根本目的也是规范检察官的一线办案行为，防止冤假错案，追求司法公平正义的价值。为了保障办案质量，促进公平正义的实现，司法责任制要求在赋权给检察官的同时应加强对检察官的监督制约，形成监督制约的体系。该监督制约体系既包括检察院内部监督也包括检察院外部监督，以往司法责任制对检察官的监督制约更多强调检察院内部力量的作用，检察院外部的监督，如律师辩护、民众参与司法的力度较小，外部监督乏力，以往法院审判权对检察权的制约作用也未充分发挥。在审判中心改革的背景下，对检察活动公正性的监督应该是多种多样的，检察院外部监督乏力、疲软的现象应该得到补强，检察院外部监督应该发挥更大作用。具体来说：

第一，从律师参与看，以审判为中心的诉讼制度改革要求推行庭审实质化，要求在审判阶段通过庭审方式确定被告人的刑事责任。法官站在中立的立场，在控辩双方就被告人有罪的证据进行举证、质证、认证及辩论的基础上形成自由心证，最终作出相应判决。因此，在审判中心背景下，对于庭审的准备，尤其是审前控辩双方证据材料的收集以及控辩双方在庭审中的质证、辩论的专业素养对裁判结果起到决定性作用。[1] 因此，要真正实现庭审实质化，辩护的实质化是须臾不可离的，否则，以审判为中心的诉讼制度改革也就失去了实质意义。因此，以审判为中心的诉讼制度改革需要完善现有的辩护制度和法律援助制度，以增强律师的参与度和控辩的对抗性。而律师参与度和控辩对抗性的增加也是加强对检察官办案活动监督制约的一个重要契机。因为国家权力具有两面性，若没有律师有意识、有能力去限制国家权力，那么国家权力可能会恣意行使。而律师参与庭审并发挥实质辩护作用，也是对检察官行为的约束，发挥律师对检察权的制约作用。因此，在审判中心背景下应重视律师对检察官履职行为的监督制约。检察官和律师都是法律职业共同体，共同维护着法律的正确实施，因此，在落实司法责任制的过程中，检

---

[1] 汪海燕：《论刑事庭审实质化》，载《中国社会科学》2015 年第 2 期。

察官应该充分尊重保障律师执业权利，认真听取辩护律师的建议和意见，规范检察官履职行为，确保检察官正确履行职责，自觉接受来自律师的监督。

第二，从加强审判权对检察权的制约作用方面看，十八届四中全会的《决定》在提出"以审判为中心的诉讼制度改革"的同时，重申并强化了公检法三机关相互配合、相互制约的原则。中央提出"以审判为中心的诉讼制度改革"，针对的是三机关配合有余制约不足的问题，但这并不是要贬低三机关分工负责的宪法原则。因此"以审判为中心的诉讼制度改革"与公检法三机关分工负责、相互配合、相互制约的宪法原则并行不悖，是统一的。在审判中心背景下，应该加强审判权对检察权的监督制约作用，这才符合审判中心主义的要求。

（三）检察官遴选方面

2014年1月7日习近平总书记在中央政法工作会议上的讲话指出，司法活动具有特殊的性质和规律，司法权是对案件事实和法律的判断权和裁决权，要求司法人员具有相应的实践经历和社会阅历，具有良好的法律专业素养和司法职业操守。司法权的本质是判断权，司法活动的最终价值追求是实现公平正义，因此司法活动对司法人员的业务能力、专业素养及人格品质都有相应的要求。在专业能力方面，法官必须受过专门的法律训练并且精通法律，熟悉审判业务；在人格品质方面，法官应当正直无私，恪守中立。[①] 对检察官的要求也是如此。庭审实质化对检察官的要求更高，检察官由此承担的责任更大，庭审对检察官的能力和品德提出的要求更高。队伍建设是基础，若检察官的业务素质、专业能力及品格修养不过关，那么以审判为中心的诉讼制度改革可能寸步难行，最终偃旗息鼓。因此，以审判为中心的诉讼制度改革离不开一支具有职业品德和操守的专业化、职业化、精英化的队伍。为此，在司法责任制的落实过程中，在推行员额制改革以及人员分类管理改革的过程中，应特别注意健全司法人员的准入标准，遴选司法人员时应综合考虑司法人员的政治素质、业务能力、理论素养、应变能力、办案经历等综合表现择优录取，为以审判为中心的诉讼制度改革奠定人才基础。另外，为了优化队伍结构，提高队伍素质，保障以审判为中心的诉讼制度改革的顺利进行，更应注意扩大遴选范围，选择业务熟练、学养深厚、品格高尚的优秀律师和

---

① 张能全：《论以审判为中心的刑事司法改革》，载《社会科学战线》2015年第10期。

学者加入到司法队伍中，司法队伍的优化不应仅着眼于封闭的检察院系统内部，而应坚持开放性的视野、多元化的选择。

另外，在目前检委会制度仍然存在并且仍讨论涉及国家外交、安全和社会稳定的重大复杂案件以及重大、疑难、复杂案件的法律适用问题的情况下，检委会组成人员的业务素质、专业能力及人格品性等也应适应"以审判为中心的诉讼制度改革"的要求，也应严格检委会委员的准入制度，检委会委员也应走专业化、精英化之路。

（四）检察官职业培训方面

与司法人员遴选密切相关的另一问题就是入额司法人员的培训事宜。为了适应以审判为中心的诉讼制度改革，为了解决审判中心下检察官承担的责任更大、庭审对检察官的能力和品德提出的要求更高的矛盾，为了使司法人员的业务素质、专业能力及品格修养达到相应的标准，需要加大对司法人员培训的力度，同时应以提高司法人员的业务素质、专业能力及品格修养为目标，以打造一支具有高尚职业品德和操守的专业化、职业化、精英化的队伍为目标，深入分析目前司法人员队伍的不足，开展有针对性的、目标明确的、专门的培训，开展经常性的业务竞赛、岗位练兵，为构建法律职业共同体做准备。同时，司法人员也应增加学习的主动性、能动性和自觉性，增强内心的使命感和荣誉感，在司法实践中不断提高自己的证据认定能力、法律解释适用等能力，同时以道德理性规范和指引司法行为，从而更加专业、从容、理性地应对以审判为中心的诉讼制度改革。最后，在检委会制度仍旧存在的当下，除却司法人员的培训之外，检委会委员的定期培训也不可或缺。检委会委员的专业素养、办事能力及思想德性也应大幅提升。

（五）检察官履职保障方面

以审判为中心的诉讼制度改革，特别是庭审实质化使得检察官的任务更重，检察官由此承担的责任更大，庭审对检察官的能力和品德提出的要求更高，这种高标准和严要求使得以往"案多人少"压力下的司法人员又添新愁，双重压力使得司法人员倍感艰辛、身心疲敝，而且此种情况下司法人员出错几率不可避免地增加，司法人员安心检察工作的积极性和主动性逐渐减弱。此时，错案追究方面若还是坚持比较严苛的错案认定标准，若对产生司法错案的原因不加区分，若没有司法人员的抗辩程序，那么错案追究会成为司法人员的第三重高压。三重高压下的司法人员必然坐困愁城，畏手畏尾，司法职业的吸引力定会大大降低，再加上若员额制改革落实不到位，大量年轻人承受多重高压却倍感前途暗淡，那么离职会成为诸多年轻人的无奈选择。因此，以审判为中心的诉讼制度改革背景下，在司法追责的过程中，追责范围不宜过大，追责标准不宜简单严苛。另外，追责应由级别较高的专门人员进行，而且应设置允许司法人员进行辩解的程序。由此给司法人员松绑，创造一个相对宽松的环境，为以审判为中心的诉讼制度改革准备条件。除此之外，还应加强检察官履职保障制度，检察官履职保障制度是司法责任制乃至"以审判为中心的诉讼制度改革"的配套性制度，二者是一体两面的关系，应该相向而行。[①] 在国外，司法责任制主要作为司法官独立保障制度的反面出现。为保障检察官独立办案，在要求检察官独立承担责任的同时赋予检察官豁免权。国外基本不讲司法责任，更多研究司法豁免权。为此应完善检察官等级定期晋升机制，确保一线办案法官、检察官即使不担任领导职务也可正常晋升至较高的法官、检察官等级。在物质保障方面，应当提高司法人员工资、待遇，实行高薪制、不可减薪制。在职位保障方面，实行法官、检察官不可更换制，法官、检察官一经任命，非因法定事由、非经法定程序不得随意更换。[②] 除此之外，检察官应该还应享有司法豁免权，除非因故意犯法或重大过失，其言行不应受到追究。通过上述履职保障措施，可以增强检察官的荣誉感、责任感，最终解除司法人员的后顾之忧，增加司法岗位对人才的吸引力。

---

① 崔永东：《法官责任制的定位与规则》，载《现代法学》2016 年第 3 期。

② 陈业宏、唐鸣：《中外司法制度比较》，商务印书馆 2015 年版，第 420 页。

第九章　监察体制改革背景下的检察人员司法责任制

2016 年 11 月 7 日，中共中央办公厅印发《关于在北京市、山西省、浙江省开展国家监察体制改革试点方案》（以下简称《方案》）。2016 年 12 月 25 日，全国人大常委会第二十五次会议表决通过了《关于在北京市、山西省、浙江省开展国家监察体制改革试点工作的决定》（以下简称《决定》），将试点地区人民政府的监察厅（局）、预防腐败局及人民检察院查处贪污贿赂、失职渎职以及预防职务犯罪等部门的相关职能整合至监察委员会，建立"党统一领导下的国家反腐败工作机构"。三地试点意味着国家监察体制改革正式启动，2017 年也成为中国监察体制改革的元年。国家监察体制改革是国家监察制度的顶层设计，这样事关全局的重大政治改革势必会牵一发而动全身，将对既有的政治体制和权力运行机制产生深刻影响。[①] 由于监察委员会整合了行政监察、预防腐败和检察机关查处贪污贿赂、失职渎职以及预防职务犯罪等工作力量，因此检察院的查处贪污贿赂、失职渎职以及预防职务犯罪的部门及工作人员将转隶到新成立的监察委员会。这项改革无疑将对检察院的职权配置产生重大影响，检察院将迎来自恢复重建后的最大变革，这种变革是否会影响检察机关的宪法地位，检察机关以后的职权配置如何进行应对和转型，检察人员司法责任制如何适时调整，这些问题都需要认真思索和考量。

[①]　秦前红：《困境、改革与出路：从"三驾马车"到国家监察——我国监察体系的宪制思考》，载《中国法律评论》2017 年第 1 期。

一、监察监督与检察监督的关系

（一）监察委员会的定位

我国《宪法》第 134 条规定："中华人民共和国人民检察院是国家的法律监督机关。"该条是有关检察院宪法地位的规定。检察院是我国的法律监督机关，检察院的法律监督是检察院根据法律的授权，运用法律规定的手段对法律实施情况进行监察、督促并能产生法定效力的专门工作。检察院的法律监督具有主体唯一性、手段专门性、对象特定性、监督效果法定性的特点，从而使它与人大监督、党内监督相区别。① 查处贪污贿赂、失职渎职以及预防职务犯罪是检察机关的重要职权之一，这些职权体现了法律监督的属性，现在监察委员会整合了检察机关原先拥有的查处贪污贿赂、失职渎职以及预防职务犯罪等工作力量，此时是否意味着检察机关法律监督权的分解。而且由于监察委员会对公职人员监督、调查、处置的全覆盖，那么国家监察和法律监督之间的关系如何厘清，这需要考察国家监察委员会的属性和定位问题。

王岐山同志到北京、山西、浙江就开展国家监察体制改革试点工作进行调研。王岐山指出，监察委员会实质上是反腐败机构，监察体制改革的任务是加强党对反腐败工作的统一领导，整合行政监察、预防腐败和检察机关查处贪污贿赂、失职渎职以及预防职务犯罪等工作力量，成立监察委员会，作为监督执法机关与纪委合署办公，实现对所有行使公权力的公职人员监察全覆盖。《决定》也规定："深化国家监察体制改革的目标，是建立党统一领导下的国家反腐败工作机构"。由此可见，反腐败是国家监察委员会的定位。《决定》第 2 条规定："试点地区监察委员会按照管理权限，对本地区所有行使公权力的公职人员依法实施监察；履行监督、调查、处置职责，监督检查公职人员依法履职、秉公用权、廉洁从政以及道德操守情况……"从该条内容看，监察委员会采取的是对人监察的原则，却并未规定原先政府部门行政监察中所固有的监察职权。监察委员会监督的仅仅是公职人员，并不包括公职机关，因此监察委员会的定位是国家反腐败的机构。

长期以来，我国反腐败监督执法的专责主体并不是十分清晰，党的纪检、行政监察、检察侦查、腐败预防、行政审计乃至公安、税务、海关、工商等

---

① 张智辉：《法律监督三辨析》，载《中国法学》2003 年第 5 期。

行政执法机构都负有反腐职责。我国对于公职人员的监督主要包括行政监察制度和检察院的反贪反腐制度。但这样的制度设计存在体制上的缺陷。如行政监察的对象仅仅是行政机关的公职人员，其他国家的公职人员并不在行政监察的范围之内。而检察院的反贪反渎职能部门针对的是贪污、受贿、渎职等犯罪行为，未构成犯罪的违规违法行为，检察院无权侦查。而对于工商、审计等其他部门而言，反腐职责并不是其主业。中央整合反腐败的各种力量，成立监察委员会，不仅实现了对国家机器和公务人员监督的全覆盖，而且实现了对腐败违规行为、违法行为和犯罪行为的一体化治理，彻底改变了反腐败责任主体分散的状况。[①] 新成立的监察委员会实现了对象上的全面覆盖和监察监督权限的集中整合，对有腐败嫌疑的公职人员集中地使用国家的监督、调查和处置手段。

也正因如此，监察委员会整合的职能是"人民政府的监察厅（局）、预防腐败局及人民检察院查处贪污贿赂、失职渎职以及预防职务犯罪等部门的相关职能"。也就是监察委员会主要整合的是原先行政监察和检察院法律监督中的部分职能。而这些需要整合的职能有一个共同点，即其皆为专门治理贪腐、整顿吏治而设。故而将此类职能并入监察机关这一反腐败机构自属必要与正当。这次改革的明确目标就是通过职能整合形成一个新的、以反腐败为中心的新型监察职能。反腐败是整合两类性质迥异的国家监督制度的基础和原因。进行这种整合的基本假设和现实需求是：目前公职人员的违纪违法行为，几乎都直接或者间接地与贪污贿赂相关联，或者说贪污贿赂成为各种职务违法违纪的普遍原因或者常见原因。[②] 因此，监察委员会整合检察机关的反腐职能是为了克服以往反腐败工作中体制性、政策性的问题，打造高效权威的反腐败国家监察体制。

（二）监察监督与法律监督

第一，从概念上，检察院的"法律监督"作为一个专门术语，具有其特定的含义，它是指检察院根据法律的授权，运用法律规定的手段对法律实施情况进行监察、督促并能产生法定效力的专门工作。[③] 法律监督的目的是保

---

① 吴建雄：《监察委员会的职能定位与实现路径》，载《中国党政干部论坛》2017 年第 2 期。
② 于安：《反腐败是构建新国家监察体制的主基调》，载《中国法律评论》2017 年第 2 期。
③ 张智辉：《法律监督三辨析》，载《中国法学》2003 年第 5 期。

障法律法规的正确地、统一地实施。而监察监督则是包含监督和考察的意思，是对各级国家机关和机关工作人员的工作并检举违法失职的机关或工作人员的监督和考察。[1] 当然，前文已述，目前新建的国家监察委员会定位为国家的反腐败机构，监察委员会依照"对人监察"的原则行使监察权，国家机关行使公权的情况不在监察范围内。国家监察机关作为反腐败执行法律的专门机关，负责廉政法规监察，围绕公共权力运行中国家工作人员是否遵守法律法规进行监督，依法对不构成犯罪的腐败行为实施非刑事处罚，对触犯刑法的腐败行为实施刑事犯罪调查，并移送检察机关审查起诉。因此，目前的监察委员会的主要监察内容是廉政监察。因此，检察院的法律监督是一种"对事监督"，监督的是法律的实施情况，而监察委员会的监察是一种"对人监察"，是对行使公权的公职人员进行的监察，监督监察公职人员依法履职、秉公用权、廉洁从政及道德操守情况，主要是一种廉政监督。

第二，职能侧重方面。检察院的法律监督的职能侧重监督权，无论对行政执法活动的监督，还是检察机关提起公益诉讼进行社会公益监督，抑或诉讼监督，这些都是检察院行使的监督职权，监督权具有主动性的特征，目的是保障法律法规的统一实施。而监察委员会行使的监察权包括监督、调查和处置三项基本的权能。将监察委员会定位为国家的反腐败机构，那么调查、处置权是主导性权能，是监督权运行的刚性支撑和重要保障，而监督权是基础性权能。[2] 因为调查权即依法揭露和查证违规违法和犯罪的权力，是监督国家机关和公职人员是否依法公正履职的法律手段，而监督权则更多是预防违法犯罪发生的职能，更多着眼于腐败的预防。

第三，监督的效果不同。检察院的法律监督是一种程序性的监督，而不是终局意义上的，监督所指向的违法行为是否存在，如果存在应当怎样处置等，需要由检察机关之外的相关职能部门的裁判来作出结论。[3] 然而监察委员会的监督是一种实体性的监督，因为监察委员会具有调查权和处置权，在依法查证公职人员的违法犯罪的基础上，监察委员会针对公职人员的违法犯罪行为，可以依据相应的法律法规予以审查定性并决定给予何种处分和处理。

---

[1] 夏正林：《监察、监督与制衡》，载《北京日报》2017 年 4 月 24 日。

[2] 吴建雄：《监察委员会的职能定位与实现路径》，载《中国党政干部论坛》2017 年第 2 期。

[3] 陈业宏、唐鸣：《中外司法制度比较》，商务印书馆 2015 年版，第 215 页。

监察委员会的处理手段既包括监察处分，也包括移送司法机关审查起诉。因此，监察委员会的监督具有实质性处分效果。

二、监察体制改革背景下检察职能的扩张

刑事诉讼法、民事诉讼法、行政诉讼法的修改及司法体制改革的深化全面扩张了检察机关的职权。传统的刑事检察职权在以审判为中心的诉讼制度改革的背景下得以伸展，而具有监督性质的职权则大幅扩张，民行监督职权和公益诉讼职权都有了不同程度的加强，另外检察机关还可以对行政违法行为及行政强制措施进行监督。具体来说：

第一，诉讼监督方面，民事、行政检察监督增强。我国《民事诉讼法》增加相关条款，扩充了民事检察的职权，如将调解纳入检察监督的范围，增加了检察建议这一检察监督的手段，检察监督的触角深入执行环节等。这些增加的民事检察监督已从单一的对裁判结果的诉后监督步入涵盖对诉讼过程及审判人员违法行为和执法活动等在内的全面监督新阶段，监督范围和监督方式均得到扩展监督力度更为有效。[①] 行政检察监督扩权幅度较小，但检察监督的范围及手段也有发展。

第二，公益诉讼监督方面，民事和行政公益诉讼职权首次设置。党的十八届四中全会提出要探索建立检察机关提起公益诉讼制度，2015 年《检察机关提起公益诉讼试点方案》首先出台，全国人大常委会授权检察机关在 13 个省、自治区和直辖市开展试点工作。同年 12 月 16 日最高人民检察院通过了《人民检察院提起公益诉讼试点工作实施办法》，对检察机关提起公益诉讼进行了全面规定。检察机关不但可以提起民事公益诉讼，也可以提起行政公益诉讼。

第三，对公共权力的监督方面，十八届四中全会从强化监督行政权力的角度，提出完善对涉及公民人身、财产权益的行政强制措施实行司法监督制度。检察机关在履行职责中发现行政机关违法行使职权或者不行使职权的行为，应该督促其纠正。

由此可见，无论是在诉讼监督方面，还是社会公益监督方面，抑或对公共权力实施的监督方面，近几年来检察院的职权都呈现扩张之势，检察院的

---

① 徐盈雁、贾阳：《民事检察监督从单一抗诉转为多元化监督》，载《检察日报》2014 年 9 月 26 日。

监督属性日益显著和突出。在监察体制改革背景下，检察院的职能应该得以在上述方面进行扩张，这样检察院的法律监督的宪法定位才会得以落实。另外，由于反贪、反渎以及预防职能牵涉了检察院大量的时间和精力，在监察体制改革之后，在上述职权转隶之后，检察院的司法资源可以在以上职权方面扩张。改革之后检察院的职能主要包括公诉职能、司法审查职能及诉讼监督职能。具体来说：第一，公诉职能。作为国家利益和社会公共利益的代表，检察机关在国家利益和社会公共利益受到侵犯时，应当通过提起诉讼的方式来制裁和遏制这些侵权行为，通过诉诸司法程序，督促法院作出有利于国家和社会的司法裁决。这种对国家利益和社会公共利益的侵犯，既可以是具有严重社会危害性的犯罪行为，也可以是来自个人或单位的民事侵权行为，还可以是来自行政机关的行政侵权行为。① 因为检察院是国家和社会公共利益的维护者，而且侵犯国家和社会公共利益的行为既包括犯罪行为，也包括民事侵权行为和行政侵权行为，因此，行政检察机关的公诉分为两种：一种是原先就存在的刑事公诉，另一种是在近年来的检察改革中新增加的公益诉讼制度，包括民事公益诉讼和行政公益诉讼。第二，司法审查职能。所谓司法审查，是指司法机关对于涉及限制或剥夺个人权利和自由的强制性措施，通过审查其事实依据和法律依据来发布许可令状，实施司法授权，解决程序争议，并提供相应的司法救济。在国外，司法审查通常是法官享有的一项权力，是审判权制约侦查权的一种重要手段。② 现在检察机关承担着对逮捕进行审查的职能。随着刑事法治的发展，打击犯罪和保障人权是刑事诉讼活动追求的双重目标，为了更好地保障双重目标的实现，应该重视检察院的司法审查职能，以后的改革应将剥夺个人权益的强制性侦查行为以及侵犯个人财产权的强制性处分行为纳入检察院的司法审查范围。第三，诉讼监督职能。之前检察院的诉讼监督主要集中于对法院审判活动的监督，近年来，检察机关重点开展的监督纠正冤假错案，清理久押不决案件，监督纠正虚假诉讼、超期羁押、刑罚变更执行违法等工作都取得了明显成效，诉讼监督业务成为检察工作的亮点和增长点。③ 以后在进一步加强检察院对法院审判活动监督的基

---

① 陈瑞华：《检察机关法律职能的重新定位》，载《中国法律评论》2017 年第 5 期。
② 陈瑞华：《检察机关法律职能的重新定位》，载《中国法律评论》2017 年第 5 期。
③ 王一鸣：《检察机关职能定位演变的反思与展望》，载《兰州大学学报（社会科学版）》2017 年第 2 期。

础上还应注重对立案、侦查以及刑罚执行程序中合法性问题的监督。将检察机关基本职责细化为监督、审查、追诉三项内容，符合法律授权、改革要求和检察机关的宪法定位，在此基础上，考察不同职责的内在规律和特点，构建配套的职权运行和保障机制，对促进中国特色社会主义检察制度的成熟定型具有重要的意义。[①] 由此可见，经过近几年的检察改革探索实践后，将检察院的职能定位为监督权、司法审查权以及提起公诉权符合法律授权、改革要求和检察机关的宪法定位，是合理的。

三、检察人员司法责任制改革对监察体制改革的回应

（一）监察体制改革对检察院的检察一体和检察官独立关系的影响

虽然国际上对检察机关的性质存在不同的看法，如有司法机关说、行政机关说、"双重机关"说（兼具行政机关与司法机关的职能）等，而"双重机关说"正逐渐成为共识。与检察机关的性质相适应，世界各国也认为检察权的性质具有复杂性，兼具行政和司法的属性，检察权具有准司法的性质。"看一项权力是否属于司法权，应当依据司法权的属性，符合司法权属性的，为司法权；不符合司法权属性的，为非司法权；具有一定的司法权属性但同时又有与司法权完全不同的其他属性的权力，可以称为'准司法'权。准司法权一般是对于行政机关掌握的具有司法性质的权力而言的。检察权具有准司法的性质，几乎为各国所公认。从世界范围看，绝大多数国家将检察机关定位为行政机关，同时承认检察机关具有不同于一般行政机关的特殊性。"[②] 既然检察机关有行政性，就必须在一定程度上体现"上命下从"，即检察一体化；既然检察机关有司法性，就必须在一定程度上体现依法独立行使检察权。检察机关的职能构成比较复杂，其中最能体现行政权属性的职权是职务犯罪侦查权。在监察体制改革过程中，随着反贪、反渎职能的剥离，检察院不再行使职务犯罪侦查权。

检察权的行政性，体现在它所担负的犯罪调查和检控职责是国家控制犯罪的管理职能之一，而且以有组织的方式实施；检察构造上的"检察一体制"，以上命下从的行政关系以及职务转移、职务继承等行政性制度要素为其

---

① 敬大力：《关于检察机关基本职责问题的再认识》，载《人民检察》2017 年第 11 期。

② 张建伟：《论检察》，中国检察出版社 2014 年版，第 46 页。

支撑条件。[①] "综观各国检察制度，检察一体制是指检察系统内上下级检察院之间的领导关系，检察院内检察长与检察官之间的领导关系，以及检察机构作为统一的整体执行检察职能。"[②] 由此可见，检察一体的模式是我国宪法和法律规定的，检察院的这种原则和工作方式使得自己与法院区别开来。由此可见，即便将职务犯罪侦查职能剥离出检察院，但是检察院仍旧采用检察一体化的模式，检察机构仍旧作为统一的整体执行检察职能。而且从外国情况来看，世界上绝大多数国家的检察机关都没有我国检察院所行使的职务犯罪的侦查权，世界各国检察机关行使的职权基本都是公诉权，然而，世界各国并未将检察权视为司法权，而是承认检察权的复合型特征，国外检察机关也认同检察一体化的模式。

反贪、反渎和预防职务犯罪不但在检察院整体业务格局中占据三分之一，地位更是举足轻重。在过去检察机关各项业务中，无论从业务重要性还是工作难度来论，职务犯罪侦查都首屈一指，使用着检察机关最多的业务资源，占用各级检察长的时间、精力也最多。随着检察院反贪、反渎职能的剥离，监督业务将获得长足发展，当然原先的公诉业务仍处于重要位置。这样检察院职能属性的司法化大为增强。公诉业务具有鲜明的司法化属性自不待言，而监督业务，特别是新近以来检察职能扩张后的监督业务，司法属性也比较明显。检察机关对行政违法行为和行政强制措施的监督，本质上体现了司法权对行政权的制约作用。

反贪、反渎和预防职务犯罪在检察院整体业务格局中占据三分之一，而且这些业务在检察院的业务中占据重要地位，但这些职权的行政属性最强，最能体现行政权"上命下从"的特征。检察职能体系呈现"以侦查为中心"的格局，批捕、起诉、诉讼监督等职能的司法属性在实现效果上受到不同程度的抑制和削弱。在反贪、反渎职能剥离后，检察院职权的司法属性更加纯粹，而且反贪反渎中的"上命下从"的特征也不会过多地侵入批捕、起诉等司法业务中。检察人员司法责任制的落实会相对更加顺畅。

"没有检察官独立的检察一体制是一种纯粹的行政体制，没有检察一体的检察官独立是一种纯粹的司法体制，都不符合检察工作的特点和要求。但是，

---

① 龙宗智：《检察机关办案方式的适度司法化改革》，载《法学研究》2013 年第 1 期。

② 谢鹏程：《论检察》，中国检察出版社 2014 年版，第 236~237 页。

在制度安排上如何协调检察一体与检察官独立之间的关系，在两个极端之间确定适当的平衡点，则是由政治、社会和文化等因素所综合决定的。"① 检察权既有司法权的属性，同时也有行政权的属性；以前者言之，检察权的行使要符合司法规律，即独立行使；以后者言之，检察权要符合行政规律，即"上命下从"。因此，检察一体与检察官独立之间的关系如何协调，这是一个由政治、社会、文化等综合影响的事情，不是监察体制改革所能够简单左右的。

（二）权力清单方面

随着监察体制改革的推进和监察委员会的创设，加之监察全面覆盖理念与目标的明确，检察机关是否需要接受监察机关的监督？或者监察机关对检察机关及其公职人员的监督是否有一定的界限？《宪法》第136条规定："人民检察院依照法律规定独立行使检察权，不受行政机关、社会团体和个人的干涉。"这种监督是否会影响检察机关依法独立行使检察权？在我国司法体制不发生根本变化的情况下，国家监察委员会下设的职务犯罪案件侦查部门，将像公安机关那样继续享有采取强制措施和强制性侦查措施的权力。监察机构乃至纪律检查委员会与职务犯罪案件的裁判结局发生直接的利益联系。第十二届全国人大常委会第二十五次会议的《决定》规定，在国家监察体制试点地区，监察委员会的贪污贿赂等职务犯罪调查权与起诉决定权是分开的，审查起诉和提起公诉决定权仍然留在检察院。在各国（地区）反贪腐体制中职务犯罪调查权（或侦查权）与逮捕权、起诉决定权都考虑到了制衡的需要，通常是由不同性质的公权力机关分别行使的。② 在监察委员会与职务犯罪案件的裁判结局发生直接利益联系时，检察机关在行使职务犯罪案件的批捕权与起诉权时，是否能够不受监察委员会的干预存在疑问。

为了使检察机关能够独立行使职务犯罪案件的批捕权和公诉权，减少监察委员会的不当干预，可以考虑对不同检察机关的权限做一些调整，即检察院的批捕权和起诉权提高一级行使，增强检察机关在面临监察委员会不当影响时的对抗和制约力度。目前检察机关已经实行自侦案件决定逮捕权上提一级，以及职务犯罪案件的判决审查上下级公诉部门同步进行等加强监督的措

---

① 谢鹏程：《论检察》，中国检察出版社2014年版，第240页。

② 童之伟：《对监察委员会自身的监督制约何以强化》，载《法学评论》2017年第1期。

施。[①]另外，作为反腐败机构，新成立的监察委员会贯彻监察全面覆盖的理念，检察官个人的违法行为、违纪行为及道德品行等情况处于监察委员会的监督之中，但这种监察应仅限于检察官的职务范围外的个人行为，因为监察委员会实质上是反腐败机构，监察体制改革的任务是加强党对反腐败工作的统一领导，监察委员会的监察是一种"对人监察"的原则，针对的是公职人员的腐败行为。因此，监察委员会的监察范围不应包含检察官的职务行为。当然对检察官个人行为的监察可能会影响到检察官职务行为的行使。为此，应该考虑对监察委员会自身的监督制约问题。

随着监察委员会的设立，检察院的职权有新的转型和发展，特别是以后监督类业务应该充实和加强，当然相应的反贪反渎等职能需转隶监察委员会。不言而喻，权力的转隶、转型和发展都会使检察院的权力清单会发生很大的变化。对于这些新增的职权，如何授权给检察官，检察官和检察委员会的职权界限如何划定，需要探讨。如检察机关对行政机关的行政执法行为进行监督的方式包括发出检察建议和提起行政公益诉讼。本文认为，可以将发出检察建议的权力授予检察官行使，而提起行政公益诉讼的权力不宜授予检察官。因为检察建议不具有强制执行的效力，而提起行政公益诉讼会产生强制效力，意义重大，需要慎重对待和处理，特别是诉讼结果会影响到检察院的公信力和形象。提起行政诉讼也会遇到很大的阻力和困难，单个的检察官不易处理。

（三）监督制约制度方面

上文已述，新成立的监察委员会贯彻监察全面覆盖的理念，检察官个人的违法行为、违纪行为及道德品行等情况处于监察委员会的监督之中，但这种监察应仅限于检察官的职务范围外的个人行为，因为监察委员会实质上是反腐败机构，监察体制改革的任务是加强党对反腐败工作的统一领导，监察委员会的监察是一种"对人监察"的原则，针对的是公职人员的腐败行为。目前公职人员的违纪违法行为，几乎都直接或者间接地与贪污贿赂相关联，或者说贪污贿赂成为各种职务违法违纪的普遍原因或者常见原因。[②] 因此，公职人员平常的违法乱纪，在很大程度上是因为贪污受贿所致。对于行使检

---

① 龙宗智：《理性对待检察改革》，载《人民检察》2012 年第 5 期。
② 于安：《反腐败是构建新国家监察体制的主基调》，载《中国法律评论》2017 年第 2 期。

察权的检察人员也是如此，检察人员在司法办案的过程中，实施的很多行为，如包庇、纵容犯罪嫌疑人、被告人，毁灭、伪造、变造或隐匿证据等，在很大程度上也是因为贪污受贿所引起。因此，成立监察委员会，由监察委员会监察检察人员的违法、违法等腐败行为，可以在很大程度上预防因腐败行为所引起的违法、乱纪行为，对检察人员的职务行为形成制约，从而保证检察人员依法行使检察权，进而保障办案质量，最终实现公平正义，提高司法公信力。而且反贪、反渎等职能转到监察委员会后，原先对检察人员的腐败行为的监督就由检察院内部的监督变为外部监督，而且成立监察委员会是为了加强党对反腐败工作的统一领导，这样监督制约的力度更大，效果更明显，更有利于检察人员依法行使检察权。上编也已经论述，原先检察官惩戒程序中，有关检察官惩戒程序中的调查权、决定权都由检察院来承担，而且调查权、认定权和决定权没有分离，都由检察院这一主体行使，未体现控审分离的原则，而是按照行政化的模式处理的，从而导致对检察官的惩戒和一般公务员的处分程序没有本质区别。检察官惩戒内部性的特点带来的检察官惩戒缺乏中立性、权威性和可信性的弊端。但是随着监察体制改革的推进，检察院的纪检监察部门应该会一起转隶到监察委员会，原先检察院纪检监察部门所承担的调查检察官是否应该承担司法责任的权力也应一并归监察委员会行使。同时，按照《关于建立法官、检察官惩戒制度的意见（试行）》第 10 条规定："法官、检察官违反审判、检察职责的行为属实，惩戒委员会认为构成故意或者因重大过失导致案件错误并造成严重后果的，人民法院、人民检察院应当依照有关规定作出惩戒决定，并给予相应处理。（一）应当给予停职、延期晋升、免职、责令辞职、辞退等处理的，按照干部管理权限和程序依法办理；（二）应当给予纪律处分的，依照有关规定和程序办理……"若检察院的纪检监察部门一起转隶到监察委员会后，对于纪律处分的，应该由监察委员会作出。也就是说，在检察院的纪检监察部门一起转隶到监察委员会后，监察委员会应该调查检察官是否违反检察职责、是否应该承担司法责任，同时，还有权对检察官作出相应的纪律处分。原先检察官惩戒中存在的同体监督、内部监督问题在很大程度上会改善，检察官惩戒中立性、独立性和权威性缺失的问题在很大程度上也会解决。由监察委员会实施外部监督后，监察委员会对检察权行使所实施的监督制约的力度会更大，效果会更明显。

（四）保障制度方面

在检察机关的人员转隶方面，为保证此次改革的顺利推进，目前各试点地区都采用了人员跟随机构进行整体转隶的方式进行，但由于检察机关上述三部门人员构成多样，且随着司法改革的进行，检察人员分类管理和员额制的改革也正在实施，从而使得三部门人员的转隶工作面临多重困难和挑战，主要体现为以下几个方面：

其一，人员转隶是否要考虑其所属编制问题？目前各地检察机关的人员管理基本仿效行政机关人员管理模式，其内部工作人员一般有政法专项编制、事业编制、聘用制等三类编制。其中，事业编和临聘的工作人员一般是由地方政府人事部门核准岗位设置方案之后，再由检察机关进行统一招考和招聘，根据实际需要分配到反贪反渎预防部门工作的，所以在检察实践中，这部分人员因为不是国家公务员所以无法出任检察官，只能成为检察辅助人员，协助检察官开展相关工作。那么，在这次改革的人员转隶过程中，对于此类人员是否也需要进入监察委工作呢？笔者认为，既然此次改革是以检察机关相关职能的转出为要求的，那么在人员配置上也要以实际完成相关职能作为考量其是否属于三部门"整体转隶"范围的主要因素。由此，承担检察辅助事务并直接参与案件办理的人员可以作为"整体"的一部分进行转隶，但对于只是负责行政后勤事务的人员则无须进行转隶，以保证新组建的监察委的高效集约。

其二，人员转隶是否要为其保留检察官员额？在此次监察委员会试点工作开展之前，试点省份已经进行了检察人员的分类管理工作，并组织了检察官入额的遴选工作，三部门中已经有不少工作人员获得了检察官的员额，在机构和人员的转隶之后，这些已经入额的检察官是否应该退出员额？其职业保障和待遇又该如何确定？成为本次人员转隶工作的难点所在。处理不好这些问题，不仅会有碍监察委员会的组建和有效运转，使其人员管理面临极大的隐忧，还会对已经进行的司法改革产生严重的负面影响，使检察人员管理体制的改革面临根本危机。为此，在入额检察官的转隶工作中必须处理好与员额制改革的关系，以实现两个改革的"兼容"和"并行"。对此，笔者认为，新设的监察委员会在法律地位上与法院和检察院相平行，其行使的监察权也与审判权和检察权相并列，虽然监察委员会并不属于狭义上的司法机关范围，但鉴于其在反腐败工作中行使了原属于检察机关的职务犯罪侦查权，并即将参与到刑事侦查和刑事诉讼活动中来，所以，监察委事实上可能与公安机关一样成为广义上的"司法机关"。但是，考虑到员额制改革的根本目的是实现司法人员的职业化、专业化、精英化，其基本要素为"司法人员"的属性要求和"职业化、专业化、精英化"的目标要求，将监察委员会中相关人员作为"司法人员"不仅与员额制改革只针对于法检的改革实践不符，也违背了员额制改革的核心目标要求，在反贪、反渎部门转隶之后，作为监察机关的一部分是否还需要追求"职业化、专业化、精英化"目标呢？如果继续保留其检察官员额，是否还应接受法官检察官惩戒委员会的惩戒和监督，如果是的话，在监察委员会之内并行两套人员管理模式势必会造成机构权威的丧失和内部管理的混乱。综上，笔者认为，在检察机关职能和人员转隶之后，相关工作人员应当主动退出检察官员额，其原单位的员额数量有必要重新计算和分配，以理顺监察机关的人员管理体制，保障检察机关的司改的正常推进和日常工作的有效开展。

在员额制方面，随着反贪、反渎等职能的剥离，为了使得检察机关独立的宪法地位能够真正体现和落实，体现监督类的业务应该得到扩展。除传统的各项诉讼监督职能外，检察机关还应当大力开展新增加的行政违法行为检察监督、行政强制措施检察监督、民事行政公益诉讼等工作。为了推行这些新增的监督类业务，在司法责任制的落实过程中，在推行员额制改革以及人员分类管理改革的过程中，应特别注意在分配员额时，照顾监督类业务，充实办案力量，综合办案数量、办案难度等各方面的因素，确定监督类业务的员额。另外，应健全监督类业务人员的准入标准，遴选这部分司法人员时应综合考虑司法人员的政治素质、业务能力、理论素养、应变能力、办案经历等综合表现。这其中，业务能力问题比较突出。因为要落实这些新型的监督类业务，相应的人力及知识资源是必备的条件。如对于行使民事诉讼检察监督职权的人员而言，相应民事实体和程序方面的法律知识是进行监督的前提和基础，理论上作为监督者应该比被监督者具有更扎实的民事实体法和民事程序法律知识。为此在遴选这些从事监督类业务的司法人员时，应从法律院校毕业生中获取人才。另外，更应注意扩大遴选范围，选择业务熟练、学养深厚、品格高尚的优秀律师和学者加入司法队伍中，司法队伍的优化不应仅着眼于封闭的检察系统内部，而应坚持开放性的视野、多元化的选择。而对于新增加的行政违法行为检察监督，甚至可以从政府部门遴选具有丰富的行政执法工作经验的政府工作人员。

在检察官职业培训方面，与检察官遴选密切相关的另一问题就是入额检察人员的培训事宜。检察机关现在及将来大力开展新增加的行政违法行为检察监督、行政强制措施检察监督、民事行政公益诉讼等工作，这些监督类业务都是新增的。检察系统是以刑事公诉为主业，其环境是典型的刑事司法环境，更为熟悉的是刑事实体法和刑事程序法体系，在刑事方面具有相应人才自我培养的环境，有这方面继续教育的能力，这是长期以来所不断积淀的结果。[①] 这样的教育环境短期内显然不能与新型的检察监督人才培养需求相适应，为此，需要对遴选出的检察人员从事有针对性的、目标明确的、专门的培训。同时司法人员也应增加学习的主动性、能动性和自觉性，增强内心的使命感和荣誉感。同时检察人员也应增加学习的主动性、能动性和自觉性，增强内心的使命感和荣誉感，不断提高自己的业务素质和监督能力。对于公诉以及审查逮捕部门的检察官来说，虽然其所从事的业务是先前熟悉的业务，随着监察体制改革的开展，职务犯罪案件的侦查权将归属于国家监察委员会，检察机关不再享有对公职人员犯罪案件的侦查权，也不会再以追究刑事责任作为行使所谓"审判监督权"的手段。[②] 之前检察机关拥有职务犯罪案件的侦查权时，在公诉活动中，检察机关不一定与法院处于同一地位，不满足于对辩护方的平等对抗。在职务犯罪侦查权剥离后，检察机关应通过诉讼活动，在控辩平等的基础上，说服法官作出有罪判决，而不能滥用侦查权影响法官依法独立行使审判权。这对从事公诉业务的检察官提出了更高的要求。而且从事监督类业务的检察官也面临同样的问题，现实中检察机关法律监督的效果并不尽如人意，失去职务犯罪侦查权后，形势可能更严峻，更何况那些新增的监督类业务。因此，应以提高司法人员的业务素质、专业能力及品格修养为目标，不断开展业务培训，打造一支具有职业品德和操守的专业化、职业化、精英化的队伍。

（五）内设机构改革方面

根据改革要求，人民检察院查处贪污贿赂、失职渎职以及预防职务犯罪

---

① 张卫平：《民事诉讼检察监督实施策略研究》，载《政法论坛》2015 年第 1 期。

② 陈瑞华：《审判中心主义改革的理论反思》，载《苏州大学学报（哲学社会科学版）》2017 年第 1 期。

等部门将整体转隶至监察委员会，但由于近年来各地检察机关大多进行了方式不一的内部机构重组，所以这一背景就导致现在哪些部门属于查处贪污贿赂、失职渎职以及预防职务犯罪的部门，哪些部门应当在改革中被调整出去都很难明确。按照检察院原本的机构设置，反贪反渎和职务犯罪预防三个部门应当是互相独立的，但随着近年来反腐败力度的不断增强，不少地方出于集中侦查力量的考虑，将原先单独设置的三个部门进行了一定形式的合并或者重组，将反贪反渎部门合并为反贪局，甚至将相关联的数个部门进行了整体合并等，如深圳市检察院将进行内部"大部制"改革，将原各科室划归到批捕公诉部、职务犯罪侦查部、诉讼监督部、案件管理部和综合管理部等五个工作机构之下。由此，在相关部门的转隶过程中，必须认真考虑各地检察机关在机构设置中所存在的具体情况，通过对各部门所实际行使的职能进行考察来决定到底哪些部门需要进行整体的转隶。随着监察委改革的推进，检察机关自侦部门转隶是必然趋势，当前内设机构整合改革中不能仅立足于现状，而是要放眼长远，立足于检察机关没有侦防部门的长远格局来设计。现在反贪、反渎预防还有部分地区的指挥办都将不复存在，随着反贪、反渎和预防职能的转隶，检察院以后不必再设置这些部门，这是确定无疑的。而且反贪、反渎以及预防部门的转隶也可能影响到其他业务部门。如控告申诉部门的控告职责主要是受理报案举报并对举报线索分流、初核等，既然检察机关已经没有职务犯罪侦查权，群众也就没有再向检察机关举报的必要了。遇有此类问题直接向纪委监察委反映更为直接、便捷。那么控申只剩下受理申诉的职能了，而申诉案件的办理不管是刑事的，还是民事行政的，都属于诉讼监督的范畴，且越往下级院案件数量越少，可以考虑将申诉职能归入相关的监督部门。

检察机关的职能向来是侦查、刑检和诉讼监督"三分天下"，反贪、反渎和预防职务犯罪在检察院整体业务格局中占据1/3。在过去检察机关各项业务中，无论从业务重要性还是工作难度来论，职务犯罪侦查都首屈一指，使用着检察机关最多的业务资源，占用各级检察长的时间、精力也最多。在原先检察院的工作格局中，检察院的经历主要在侦查和刑检，诉讼监督相对来说处于弱势地位。这表现在：首先，在刑事诉讼监督方面，侦监、公诉部门在行使诉讼职能时一并享有相应的诉讼监督职能，但是这导致诉讼监督附属于诉讼职能，即诉讼职能的行使是最主要的，因而在相应的人、财、物的供给和配置方面，诉讼职能处于优势地位，而诉讼监督处于从属地位。由于侦查、公诉是检察机关的重点工作，有罪判决率等被作为评价检察工作成绩的主要指标，使得检察人员在执法办案中经常从控方的角度思考问题，容易出现"重打击犯罪、轻保障人权""重协作配合、轻监督制约"等问题，不利于诉讼监督、司法审查等检察职能的实现。其次，近年来，检察机关诉讼监督职能的重要性不断增强，诉讼监督的职权不断增加，对民事诉讼监督、行政诉讼监督越来越重视，很多检察机关都没有设置单独的民事、行政检察部门。我国目前只有 7 个省级院、20 余个市县院单独设立了行政检察部门，还有很多检察院设立了行政检察办案组或者落实了专人负责。① 随着反贪、反渎等职权转隶到监察委员会，检察院的人财物等资源不必再配置到上述职能部门。如今，体现监督属性的业务将获得更大的发展空间，过去相对弱势的民事行政检察等部门将得到更多的关注。除传统的各项诉讼监督职能外，检察机关还应当大力开展新增加的行政违法行为检察监督、行政强制措施检察监督、民事行政公益诉讼等工作。相应的，在内设机构方面，应该增加单独的民事、行政检察部门，以便科学配置检察资源、提高监督的效能和效率。监察体制改革后，检察机关应当更加务实，不能为了改革而改革，必须通过改革，增强检察监督能力和水平。针对检察监督弱化的现状，应当成立单独的监督机构，凸显监督职能。为此，除设置单独的民事、行政检察部门外，还可以考虑将监督职能从批捕、起诉办案中剥离出去，归入诉讼监督部门。这样，检察院的业务部门主要包括司法办案机构和检察监督机构，前者主要包括审查逮捕、公诉等业务部门，后者主要包括诉讼监督以及其他非诉讼监督部门。这样，在坚持检察机关的国家法律监督机关性质定位的同时，明确公诉、诉讼监督等多种平行的检察职能，将不同的职能交由不同的内设机构行使，实现检察职能的适度分离，这是实现权力制约、防止监督失效的客观要求，也有利于明确检察官的角色定位、避免角色冲突。②

---

① 肖璐：《新时期检察机关的职权扩张与理性应对》，载《江汉论坛》2016 年第 11 期。

② 汪建成、王一鸣：《检察职能与检察机关内设机构改革》，载《国家检察官学院学报》2015 年第 1 期。

第十章　不同层级检察机关的司法责任制改革

按照《宪法》及《人民检察院组织法》的规定，我国地方检察机关有三个层次，即省级、市级和县级检察院。地方各级检察机关上下之间构成领导与服从的主从关系，从而形成检察机关内部组织机构的层次结构。在这个层次结构中，省级检察院执行最高人民检察院的指示，制定本区域内工作总体目标，协调下级检察机关的活动计划。市级检察机关贯彻最高人民检察院和省级检察院的指示和决定，组织协调本地区的检察工作。基层检察院执行上级检察院的决定，根据本地区的情况具体实施检察权。该层次结构形成三级指挥体系，呈现出金字塔式的正三角的形态。省市县三级检察机关在办案职能、检察官的素质、内设机构等方面存在诸多差异，因此，省市县三级检察机关在具体落实司法责任制时也应从这些差异出发，从而形成不同层级检察机关的司法责任制体系。

一、省市县三级检察机关的各自特点

（一）省市县三级检察机关的职权特点

第一，三级检察机关的职权内容不同。检察权是一个总体概念，它由具体的职权构成。一般来说，检察职权包括以下几大类：一是刑事检察类职权，这些职权又具体分为侦查监督权、审查起诉权，刑事审判监督权以及刑罚执行及监管活动的监督权等内容；二是民事检察类职权，即对民事诉讼及民事执行活动进行监督的权力；三是行政检察类职权，即对行政诉讼实行法律监督和对行政执法的监督以及公益诉讼权等。根据《宪法》和《人民检察院组织法》的规定，最高人民检察院属于全国检察机关的领导机关。最高人民检察院领导各级检察院和专门人民检察院，确定检察工作大政方针，部署检察工作任务，制定各级检察院的人财物管理制度，制定办案规则规范下级检察院办案程序，制定检察队伍管理制度，优化检察内设机构设置与管理。[①] 地方人民检察院分为省市县三级。三级检察院可以行使由法律规定的职权，只不过市级检察院和省级检察院行使检察权针对的案件一般都是本辖区重大、疑难的案件。另外，市级检察院和省级检察院行使的检察权除法律规定直接由其行使的外，还包括作为上一级人民检察院应当行使的职权。即省级检察院和市级检察院对下级检察院还拥有领导功能，这种领导一是业务上的领导功能；二是行政层级上的领导功能。具体说来，省级检察院是领导机关，对全省检察业务负有指导监督职责，根据本地区的实际情况实现高检院宏观层面的指令的落实并监督高检院指令的落实情况，省级检察机关具体办案则很少，一般办理的都是在全省范围内有重大影响的案件或者最高人民检察院交办的案件。在公诉案件中，作为省级院的公诉部门在公诉业务上应当是整体强于市、县两级检察机关的公诉部门。因此，在市县级检察机关公诉业务上，省级检察机关公诉部门要加强业务指导，特别是案情重大、抗诉等典型案件，应当加强诉前业务指导，做到对案件全面深入的把握和对案件事实的清楚了解，对案件涉及法律适用要做到准确，以做到对下级公诉的疑难案件有效指导而不干涉。[②] 市级检察院是辖区内业务领导机关，市级检察院对县级检察院的指导方式主要是监督下级对高检院、省院业务指示的执行，另外，市级院还有很重要的职责就是按照审级办理各类案件。[③] 市级院受理刑事案件的量刑一般都是无期徒刑及其以上，而县级市检察院受理的案件虽然数量很多，但是案情一般相对简单，定性相对清楚，量刑相对轻缓。因此，市级检察院受理案件的定性和量刑相对于县级检察院的案件更为重大和复杂，因此办案中，市级院检察官的办案能力、业务素质应该优于县级市，这样才能稳妥处理案件。另外，近年来随着检察改革的深入，检察院的职权发生新的变化，检察院对民事行政案件的监督，对刑事执行的监督，检察院提起行政公益诉讼和民事公益诉讼，这些都是检察院职权的增长点，也是下一步检察改革实

---

① 韩成军：《不同层级检察机关的功能定位与权限划分》，载《河南社会科学》2016年第2期。

② 黄硕：《不同层级检察机关的功能定位和权限划分》，载《贵州大学学报（社会科学版）》2017年第4期。

③ 刘建：《检察机关业务指导关系改革探索》，载《新一轮检察改革与检察制度的发展完善——第四届中国检察基础理论论坛文集》，中国检察出版社2015年版，第464页。

践的重要场域。当前,一个不争的事实是在很多市级检察机关,民事行政检察部门仅有两三人,且多为老同志,这种现状难以对全区域内的民事行政案件进行监督,然而,事实上,百姓最为关注和最能感受的就是民事案件的公平,行政案件的正义。① 包括在很多地方的地级市检察院或者省级检察院中还没有独立设置的民事行政检察部门。至于检察院提起民事公益诉讼及行政公益诉讼,之前虽然已有检察院对该项改革进行了试点探索,但大多数检察院并无提起民事公益诉讼及行政公益诉讼的试点和实践。对于该项工作,检察院的原有检察官缺乏相应的知识储备和素质能力。因此,市级检察院应该加强民事行政案件监督的力量以及检察院提起民事公益诉讼及行政公益诉讼的力量,并且应使检察干警尽快掌握相应的知识,具备检察办案的新的能力。在省市县三级检察机关中,市县级检察机关是主要的办案机关,特别是基层检察院,其工作量在整个检察系统中占了80%,是最主要的办案层级,相应的基层检察院的单位数量以及内部工作人员数量也在整个检察系统中占到80%。② 因此,基层院的业务建设和队伍建设始终是检察机关的重点。

第二,三级检察机关的职权侧重不同。作为省级检察院,其工作职责侧重于对下领导、指导和监督管理。③ 省级院具体办理案件很少。与之形成鲜明对比的是基层检察院,基层检察院主要的职能就是参与办案,是检察系统最主要的办案层级。而市级检察院则处于承上启下的位置,既要发挥对下级院的领导监督作用,同时又要按照审级制度具体参与办案。

从具体职权类别上看,不同层级的检察机关侧重也不同。如刑事检察类职权在省市县三级检察系统中呈现正三角结构,越往基层,刑事检察类案件越多,以致很多基层检察院"案多人少"的矛盾比较突出。而民事行政类检察职权及其他职权则呈"倒三角"的形态,因为由于立法采取"上抗下"的民行抗诉模式,对同级人民法院作出的确有错误的民行判决或裁定,同级人

---

① 黄硕:《不同层级检察机关的功能定位和权限划分》,载《贵州大学学报(社会科学版)》2017 年第 4 期。

② 冯景合:《司法改革语境中的检察权独立行使》,载《司法体制改革中司法责任制的发展与完善——第五届中国检察基础理论论坛文集》,中国检察出版社 2016 年版,第 62 页。

③ 张智辉主编:《检察权优化配置研究》,中国检察出版社 2014 年版,第 356 页。

民检察院民行部门无权提起抗诉。① 抗诉案件"倒三角"的分布结构导致各级民行检察部门工作比重失衡，办案压力向上级人民检察院大幅度倾斜，基层检察院民行科对民行生效裁判监督乏力。

（二）省市县三级检察机关的检察人员素质不同

检察工作的性质和特点，要求检察人员尤其是检察官必须具备较高的政治素质、职业道德素养以及专业化的法律知识。较高的文化素养或者专业素质有利于检察人员依法独立办案。有学者对全国 7 省市 13 个地级市或者县级市的所有检察人员进行问卷调查，发现受访人员中接受大学本科以上教育的占到 95.88%，拥有法科学历的受访人员已达 70% 以上。② 这对于深化检察人员分类管理或者司法责任制改革，突出检察官的办案主体地位提供了一定基础。但相对于省级检察院的检察官来说，市县级检察院特别是基层检察院的办案检察官人数众多，学历相对较低，另外基层检察院的检察官的职业素养、办案能力、社会经验等尚存不小的差距，仅从全国检察业务专家一项指标便可管中窥豹。如有学者以全国检察业务专家为样本进行实证分析，发现全国检察业务专家主要集中于省级检察院和市检分检，当然高检院也有很大数量的全国检察业务专家，而且从专家所占比例看，高检院占据绝对优势。专家的分布比例呈现高检院－省检—市检、分检—基层检察院的倒金字塔模式，而占据全国检察官绝大多数、占一线办案检察官绝大多数的基层检察院所占比例非常低。③

（三）省市县三级检察机关的内设机构情况不同

检察人员司法责任制改革需要其他保障措施的配合，不然恐遭夭折或者在实际落实中困难重重，其中检察院内部机构的整合是一项不可或缺的保障机制。那么实行检察官改革之前，省市县三级检察院内设机构有何不同呢，在检察官改革中，应如何依据这些不同整合省市县三级检察院的内设机

---

① 重庆市万州区人民检察院课题组：《民行检察办案中对"倒三角"结构的应对机制》，载《中国检察官》2015 年第 12 期。

② 陈宝富：《新时期检察官管理体制改革研究——基于全国 7 省市 13 家检察院人员分类管理的实证反思》，载《新一轮检察改革与检察制度的发展完善——第四届中国检察基础理论论坛文集》，中国检察出版社 2015 年版，第 45 页。

③ 王子毅：《检察官专业化的实践与趋势——以全国检察业务专家评选活动为样本的实证分析》，载《新一轮检察改革与检察制度的发展完善——第四届中国检察基础理论论坛文集》，中国检察出版社 2015 年版，第 68 页。

构呢？

中央办公厅《关于印发地方各级人民检察院机构改革意见的通知》中明确规定省级人民检察院的内设机构一般为 15 个左右，实际上大多数省级检察机关的内设机构一般都在 25~30 个之间。省级检察院编制较多，因此设置众多内设机构问题较小。基层院虽然是我国主要的检察业务办案层级，在我国检察事业的发展中具有全局性、基础性的地位，但基层院的人力资源、编制却比省级院少很多，这与基层检察院承担的任务不匹配。但为了实现上级检察机关对下级检察机关的领导，加强"检察一体"，我国省市县三级检察机关的内设部门基本是上下对应的，特别是业务部门基本是上下级——对应的关系。单设机构的有无成为衡量对某项工作重视程度的重要指标。因此，我国基层检察院的编制虽不多，内设机构却不少。如以湖北省为例，即便是编制人数在 50 人以下的较小的基层检察院，其内设机构平均为 10 多个，最多的达到 24 个。① 以江西省为例，到 2013 年，基层检察院内设机构平均为 12.9 个。② 在编制较少的基层检察院设置为数众多的内设机构的结果是增加了中层干部的职数，却导致办案部门的人员比例偏低，从而形成很多 1 人科室、2 人科室，有的科室甚至有将无兵。如上述江西省很多基层检察院有大量 1 个人或者 2 个人的科室，在抽取的三个检察院的样本中，每个部门的人数平均下来分别为 4.38、3.29、2，而 2013 年江西省基层检察院中办案部门的人数占总人数的比例最小的检察院为 39%。③ 内设机构林立，容易导致人浮于事，最重要的是由于部门过多，管理人员比例偏大，而真正办案的力量却萎缩，执法办案的任务和检察官分布不均衡。检察人员行政化管理色彩较浓，专业化能力不足，不利于人力资源的优化配置和检察权的运行。因此，对于人员数量、职级配备、后勤保障各不相同的省市县三级检察机关，如何进行内设机构的改革，如何落实司法责任制，需要具体分析，不能一概而论，搞"一

---

① 金鑫：《司法责任制背景下基层检察院内部整合改革的探索与完善》，《司法体制改革中司法责任制的发展与完善——第五届中国检察基础理论论坛文集》，中国检察出版社 2016 年版，第 512 页。

② 张玉华：《浅论检察官办案责任制的改革路径》，载《新一轮检察改革与检察制度的发展完善——第四届中国检察基础理论论坛文集》，中国检察出版社 2015 年版，第 240 页。

③ 张玉华：《浅论检察官办案责任制的改革路径》，载《新一轮检察改革与检察制度的发展完善——第四届中国检察基础理论论坛文集》，中国检察出版社 2015 年版，第 240 页。

刀切"。

二、省市县三级检察机关的司法责任制改革

（一）重视基层检察人员司法责任制的落实

整个改革成败的关键在于基层。第一，检察人员司法责任制的重心是解决具体办案中权力主体问题，使办案活动回归司法属性。通过明确各类检察人员的职责分工，科学划定检察长、检察委员会、检察官的办案权限，从制度上保障想办案、能办案、敢办案的检察官依法办案，从而解决职责不明、责任分散、保障乏力的问题。而内设机构改革、检察人员分类管理以及加强对检察官办案的监督制约都是司法责任的保障制度。因此，检察人员司法责任制就是将原先属于检察长的部分权力授权给检察官。司法责任制的目的就是确保检察官依法履行职责，使办案活动回归司法属性，它针对的是具体的检察办案活动。而在省市县三级检察机关中，市县级检察机关是主要的办案机关，特别是基层检察院，其工作量在整个检察系统中占了80%，是最主要的办案层级。相应的基层检察院的单位数量以及内部工作人员数量也在整个检察系统中占到80%。[①] 因此，要落实司法责任，使得检察院的办案活动回归司法属性，就应该在最主要的检察院办案业务层级推动该项改革，无疑，基层检察院是最主要的办案层级。

推动检察人员司法责任制需要科学配置检察权，而权力配置的实质是减少了部门负责人和副检察长的权力，改变了以前副检察长以及科处长对案件的审批权、决定权，使其有被架空的感觉，损害了他们的权威性和在当地的影响力，而原先部门负责人和副检察长在检察院内是比较有发言权和影响力的，大多数检察官所奋斗追求的正是部门负责人和副检察长甚至检察长的职位。因此，司法责任制改革在一定程度上会损害这些人的利益，而为了保障司法责任制的实施而推行的员额制虽然提高了入额检察官的待遇、地位，有利于建立一支高素质、专业化的检察官队伍，但也在一定程度上影响了那些原先参与办案却未入额的检察官的实际利益。因此，此项改革在落实过程中不可避免会遇到阻力，实际上任何改革都会因触动一部分人的利益而招致

---

① 冯景合：《司法改革语境中的检察权独立行使》，载《司法体制改革中司法责任制的发展与完善——第五届中国检察基础理论论坛文集》，中国检察出版社2016年版，第62页。

抵制。基层检察机关的单位数量以及单位内的工作人员占到整个检察系统的80%，改革所产生的影响以及招致的阻力也集中于基层检察院。因此，在改革中我们的关注点和注意力也应聚焦于基层检察机关。

第二，我国经济社会发展的不均衡，东中西部地区差异较大，基层检察院最能体现各地的特色。例如，员额制的比例应根据各地的案件数量以及检察院工作人员的情况具体确定，不能也不应各地统一。又如，就内设机构的整合而言，也不能一概而论，如由于各地区人口规模分布不均衡，导致相同层级不同地域的检察院的规模相差较大，因此在机构整合中应该区分规模实施整合，不宜千篇一律。大部分主要适合于业务量相对较小，人数不多的基层检察院，而对于业务量大的基层检察院是否有必要整合，则需要根据情况，甚至包括整合为几个部门也应结合各地的情况具体分析，不宜全国一盘棋。

第三，中国司法改革的路径都不是建立在高度自治的逻辑论证基础之上的，改革者很难以体系化的逻辑人为设计改革路线图，而只能在长期的"试错性探索"中逐步摸索。[①] 在司法责任制改革过程中也是如此，我国采取的是"摸着石头过河"的策略，充分发挥地方的积极性和主动性，基层检察院的探索实践具有重要价值。中央层面的改革思路和大体的制度安排也是在地方试点改革的实践探索中形成的，包括基于我国地大物博、各地区差异巨大的现实，为了增强改革实践的针对性、有效性，各基层检察院的探索意义重大。特别是在司法资源的分配权掌握于上级的情况下，在上级处于司法改革的关键和决定地位的背景下，在基层检察院于司法责任制改革中缺失发言权的态势下，更应该重视基层检察院的司法责任制改革。

第四，这是由我国基层司法的本质特征和独特功能所决定的：基层政法机关数量庞大、与社会距离最近，亦是与大众接触最直接最频繁的部门，它们好似扎根于基层百姓土壤中的根须。基层政法机关是政法系统中最基本的要素，其重要性不言而喻。而且，基层司法需要面对的纠纷不少是基层社会中广泛存在的且难以用法律理论规则"格式化"的纠纷，人们在日常生活中更依赖于感性的正义认识、人情习惯或是地方风俗等来评价与规约自身行为，在这种环境中沉淀着独特的法治传统，需要有可以驾驭复杂、多变，甚至相互矛盾的社会规范、社会心理与社会秩序的专业能力的法律人才。因为基层司法

---

① 栗峥：《司法改革的困境及其克服》，载《云南社会科学》2015 年第 2 期。

具有工作对象的原初性和工作职能的防御性。基层司法面临的案件具有原初性，一般为"原始"的材料。案件事实需要选择和甄别，亦没有经过先前法律程序的过滤、加工、分析和整理，这就要求基层法律工作者在案件事实的捕获和法律规范的选取方面具备极高的司法能力。[①]

因此，应重视基层基层院的这些特殊性，基层检察人员司法责任制的改革是关乎改革能否成功的关键，也是检验这次检察人员司法责任制改革的标尺。

（二）省级检察机关是否推行司法责任制的思索

上文已述，司法责任制需要科学配置检察权，而权力配置的实质是减少了部门负责人和副检察长的权力，包括员额制的实施也影响了未入额的检察官的利益，因此，司法责任制的改革肯定会遇到不少阻力。以前的主诉检察官改革虽然也取得了很大成效，但在一些地区因重重阻力而基本销声匿迹，在一些地区却获得了发展壮大。究其原因主要在于这些检察院"案多人少"，办案压力巨大，副检察长无力全部审批，只能权力下放。[②]此次司法责任制改革不但着眼于"案多人少"的矛盾，更注重权责明晰、健全检察权运行机制，但若本身检察院"案多人少"的矛盾不是十分突出，又加上改革阻力的影响，司法责任的落实肯定不是一帆风顺的。司法实务中，基层检察院是办案的主体，基层"案多人少"的矛盾十分鲜明，但省市一级，特别是省级检察机关的办案数量和压力则不可同日而语。省级检察机关办案数量较少。另外，法律规定直接由省级检察院办理的案件一般都是在全省范围内重大、疑难、复杂、影响力巨大的案件。这些犯罪案件或者涉及面广，取证困难。或者案件疑难复杂，或者引发全省范围内的重大关注，影响力巨大，不管怎么样，这些案件很难办理而且容易引发大范围关注。此时对于省级检察机关不实行司法责任制，而保留原先的三级审批制，似乎更为稳妥。另外，由于省级检察机关办案较少，案件多集中于基层，而基层则普遍施行司法责任制，因此即便在省级检察院不实行司法责任，应该也不会在很大程度上损害此次改革的成效。

---

① 汪习根、汪沛：《我国高校法学专业毕业生就业对策研究》，载《武汉大学学报（哲学社会科学版）》2011年第1期。

② 谢鹏程：《检察官办案责任制改革的三个问题》，载《国家检察官学院学报》2014年第6期。

（三）不同层级检察机关权责清单的考虑

不同层级的检察官办理案件的范围有着明显的不同，因此，不同层级的检察官享有办案决定权的范围是不同的。如对于提起公诉的刑事案件而言，按照法律规定，危害国家安全、恐怖活动犯罪和可能判处无期徒刑、死刑的案件均由地级市检察院或者直辖市分院办理，全省性的重大案件一般由省级院办理，其他普通刑事案件由基层院办理。因此，即便将部分案件的决定权授予检察官行使，那么不同层级检察机关的检察官所具体办理的案件的范围肯定不同。另外，根据我国检察机关的领导体制，上级检察院对下级检察院有对具体检察业务的监督指导职能，如省级、地级市检察院有职务犯罪"上提一级"审查逮捕、不补案件审核等司法管辖职能，基层检察院则不再办理上述案件，因此，基层检察院的检察官也不会拥有对上述案件的办案决定权。因此，应当根据不同层级的检察院的办理案件的特点和法律规定，授予检察官相应的办案决定权。另外，要考虑基层人民检察院与上级检察院受理案件类型、主要职责的不同，在放权的范围与方式上有所区别。基层人民检察院放权力度可以大一点，而市级和省级检察院由于办理罪行极其严重、疑难复杂、影响重大的案件，在放权的范围和方式上可与基层人民检察院有所区别。[①] 上文已经表明，不同层级的检察院办理的案件范围不同，地级、省级一般办理疑难复杂、重大的案件，但正因地级市、省级办理的案件一般都是疑难复杂、重大或者在本地区范围内有重大影响的案件，因此，在具体放权时才应同基层检察院有所区别，以示慎重。

（四）不同层级检察机关中主任检察官与办案检察官关系的讨论

若是省市县三级检察机关都实行司法责任制，如何理顺三级检察机关内主任检察官与一般检察官的关系也需要研究。对于这一问题，实践中有不同的机制设计。一种是主任检察官审核制，即主任检察官除对自身所办案件作出决定外，对办公室所有检察官办理的案件，通过审核文书等方式进行指导把关，对疑难复杂案件的定性处理提出建议，对补强证据提出指导性意见；当检察官与承办检察官意见不一致时，提请召开检察官联席会议进行讨论，意见仍不一致的，报请分管检察长决定或提请检委会讨论决定。另一种是主

---

① 项谷、鞠曦明：《试论检察官的刑事诉讼职权配置》，载《主任检察官办案责任制——第十届国家高级检察官论坛论文集》，中国检察出版社 2014 年版，第 338 页。

任检察官负责制。即主任检察官除自身办案外，还承担对其所辖办公室其他检察官所承办案件的审批决定职责，当检察官不同意承办检察官意见时，可以改变承办检察官的意见，可以提请分管检察长决定或由检委会讨论决。[①]第一种模式彻底地实现了扁平化，每一位检察官都有办案决定权。第二种模式则是有限度的扁平化，只有主任检察官拥有办案决定权，一般检察官则无决定权。本文认为，采取何种模式是否也应区别不同层级的检察院呢？就市县级检察院来说，特别是基层检察院来说，办案检察官人数众多，良莠不齐，另外检察官的职业素养、办案能力、社会经验等与上级院的检察官尚存不小的差距。此时若采取第一种模式，将权力完全下放给每位办案检察官，那么检察官的办案质量可能存疑，不利于司法公正的实现。从办案检察官自身的角度讲，检察官也可能因自身尚不具备办案的素质和能力而存在畏难情绪，特别是怕责任追究而不敢负责，仍依赖部门负责人或者主管副检察长。此时若采取第二种模式，仅将办案决定权授予主任检察官，因主任检察官的选任条件较高，主任检察官一般在业务素质、办案能力等方面较一般检察官要高，通过主任检察官的审批，可以加强对案件的整体管理，提高办案的质量，可能更有利于司法公正的实现。然而在上级院，特别是省级院，检察官的数量相对较少，检察官的学历学位、办案能力、职业素养等较高，是否一定采取第二种模式则是个问题。毕竟第二种模式仅是有限度的放权和扁平化，一般的办案检察官仍无办案决定权，这种改革模式是否符合检察权的司法属性不无问题。对于基层检察院，考虑到检察官素质参差不齐的现状，为了稳妥起见，可以采取过渡的方式，暂时采取主任检察官制度，特别是在西部边疆、落后地区。但在未来条件成熟时，当检察官精英化真正实现的时候，主任检察官制度可能被真正意义上的检察人员司法责任制所取代，就如现在发达国家和地区所采取的模式那样。由此可见，采取哪种模式不是一成不变的，而是受制于现实的具体情况，那么在检察官素质较高、精英化程度尚可的省级院直接采取第一种模式也是可考虑的选择。这样更符合检察权的司法属性，而且省去以后"渐进式"改革的成本。

（五）不同层级检察机关内设机构改革的研究

我国检察办案一直实行"三级审批制"，该制度的形成有历史合理性也具

---

① 最高人民检察院 2013 年重点课题组：《检察官制度研究》，载《中国法学》2015 年第 1 期。

备一定的现实有效性，但三级审批制导致检察权的运行过于行政化，弱化了检察权的司法属性，不利于司法公平的实现。因此，遵循检察权运行的基本规律，推动检察机关内设机构的整合，将那些职能相近、职权关系密切的事项合并，统合成一个部门，最大限度地避免职能交叉、多头管理，有利于减少办案管理层级，保障扁平化管理的施行，增强检察官办案的独立性。另外，内设机构的改革将检察院的人力资源向办案部门倾斜，充实了一线办案力量，缓解了"案多人少"的矛盾。因此，在检察人员司法责任制改革中，对相关检察职能进行合并，减少检察院内设机构的数量是不可或缺的。但省市县三级检察机关内设机构的改革是否应采取完全一致的模式则需要讨论。因为省市县三级检察机关的职责权限、工作重点等并不相同，因此改革中一方面要坚持统一的原则，另一方面又要照顾到各层级检察机关的特点，区别对待。

首先，作为省级检察院，其工作职责侧重于对下领导、指导和监督管理。[①] 为了根据本地区的实际情况实现高检院宏观层面的指令的落实并监督高检院指令的落实情况，为了保证法律法规的统一正确实施和高检院各项工作部署的统一落实，省级检察院的内设机构是否应与高检院的保持一致，是否不宜进行大部制改革。而且进行大部制改革后也不利于省级检察院对下级院的业务指导，不利于检察一体的实现。检察人员司法责任制改革应确立检察官的办案主体地位，强调检察官独立，但也应处理好检察一体和检察官独立的关系，寻找二者协调的平衡点。另外，省级检察院的工作重在领导、指导和监督管理，并不在具体的办理案件，因此，通过内设机构的改革减少管理层级和行政化办案模式，促进扁平化管理，进而恢复检察权的司法权属性的必要性大大下降，这点与作为办案主体的基层检察院形成鲜明对比。再者，省级检察院人力资源丰富，编制充足，内设机构的设置不会出现基层院1人科室、2人科室的情况，很少出现因人数少而工作不好开展的窘境。综上考虑，省级检察机关不进行大部制改革似乎更妥当。

其次，根据检察官司法责任的改革要求，应改变原先的办案组织和办案模式。现在改革在成立基本办案组织时，应设立一名检察官外加几名其他检察官和辅助人员。对于基层检察院来说，基层内设机构较多，出现很多1人科室、2人科室的情况。基层检察院除反贪局、公诉科、侦监科人数较多，可

---

① 张智辉主编：《检察权优化配置研究》，中国检察出版社2014年版，第356页。

以建立基本办案组织外，其他很多科室则缺少成立基本办案组织的人员力量。因此，基层检察院更应该将相关职能整理、合并，减少中层干部的职数，将其充实到办案部门，从而加强基本办案组织的建设。另外，上文已述，基层检察院承担了我国绝大多数的案件的办理任务，基层案多人少、将多兵少的矛盾比较突出，此时更应该整合内部机构，精简中层干部，将更多的人力资源充实到基本办案组织中。再者就是基层检察院承办绝大多数的检察案件的办理，因此更有必要建立基本办案组织，精简内设机构的数量，减少管理层级，弱化检察机关的行政色彩，使得检察权的运行符合司法规律的要求。因此基层检察院应该进行大部制改革。

最后，基层院在进行大部制改革时，其内设机构不一定与上级院一一对应，有些机构可以不设，但必须有专人负责该项工作。[①] 另外最高人民检察院也持这样的态度，《最高人民检察院关于地方各级人民检察院机构改革意见的实施意见》也规定，"省级人民检察院的必设机构一般应与高检院对口。市（地）级人民检察院和县级人民检察院的必设机构不强求与上级院对口"。另外，不同地区的基层检察院的人员编制、办案数量有时相差悬殊，因此即便进行大部制改革，也未必一定采取全国统一模式，到底采取五部制、七部制还是几部制，应该根据不同基层检察院的编制人数、办案数量等决定。《最高人民检察院关于地方各级人民检察院机构改革意见的实施意见》也规定"内设机构一般分为必设机构和因地制宜设置的机构两类"，另外，该意见还规定"上级检察院各业务部门不应对下级检察院业务部门的机构设置和人员配备提出具体要求"。因此即便是基层检察院，具体的内设机构的设置也未必完全一致，可以因地制宜。除此之外，基层检察院因为并不具有民事行政案件的抗诉权，因此可以由地级市以上的检察院统一行使，基层检察院可不设立相应的部门。对于综合部门而言，由于最近的改革确定省以下检察机关人财物统一管理，基层院管理人事的工作相应减少，基层院进行管理和监督的主要是上级院，特别是省级院，因此基层院进行管理和监督的机构可相应减少。[②]

---

① 孙谦：《检察理论研究综述》，中国检察出版社 2000 年版，第 142 页。

② 张玉华：《浅论检察官办案责任制的改革路径》，载《新一轮检察改革与检察制度的发展完善——第四届中国检察基础理论论坛文集》，中国检察出版社 2015 年版，第 242 页。

（六）重视上级检察机关对下级检察机关的领导监督

按照宪法对检察机关的法律定位，检察机关行使法律监督权，使得国家法律能够得到统一、正确实施。为了实现维护国家法律统一实施的目的，就需要统一法律的理解和规范法律的具体适用，这样就需要在检察机关的内部保持高度一致。由此造就了我国检察机关的领导体制，即上级检察机关领导下级，检察长统一领导检察院的工作。重点强调上级检察机关对下级检察机关的领导制约，重视检察长对检察官的监督制约，这是检察一体化的要求，也是检察权行政权属性的体现。上级检察院对下级检察院有业务领导权，上级检察院享有信息知悉权、工作部署权、办案指挥权、业务考评权、督察权等。① 具体说来，上级对下级的监督制约可以通过报备审查、案件指定管辖、职务犯罪案件批捕权上提一级，等等。当然在上级检察机关加强监督制约时，应慎用指令权，检察指令应当通过稳定化、规范化、程序化的方式作出。另外，应明确检察长拥有指挥监督、职务收取和职务移转权，检察长可通过检查案件、决定案件、将案件移交其他检察官办理、将重大有争议的案件提交检委会讨论，实现对检察官的办案监督。因此，相比于法院而言，因检察权的行政权属性，检察院实行检察一体化的领导体制，因此在监督制约方面，检察院在推行司法责任制，放权给检察官的同时，更应该注意加强上级检察院与检察长的监督制约，以规范检察权的运行，更好的实现检察一体。

除上述内容外，不同层级的检察机关的司法责任制还存在许多不同之处，如在办案组织方面，检察官办案组具有很强的灵活性和适应性，各地可结合区域实际、案件特点及各单位的人员配备情况对专业办案组的分类予以相应的调整。因此，这种专业化的办案组在一些小的基层院可以实行在一些大的院乃至省级院也可以实行。在较大的院可以建立较为完备的专业化的分组在较小的院即使没有齐备的专业化办案组也可通过设立专人的形式来满足专业化办案的要求。只有这样才能将检察官制度适用于全国，真正地把有限的办案资源集中到执法办案中去。② 另外，要根据不同级别检察院的工作特点确定员额比例标准。

① 向泽选：《检察权宏观运行研究》，载《国家检察官学院学报》2006 年第 1 期。
② 陈旭：《建立检察官制度的构想》，载《法学》2014 年第 2 期。

（七）不同层级检察机关员额制改革分析

上文已述，作为省级检察院，其工作职责侧重于对下领导、指导和监督管理。① 省级检察院要发挥对下指导、领导和监督管理的工作，就需要省级检察院的检察官在业务素质方面、办案能力方面、办案经验方面优于下级检察院的检察官，而且省级检察院的检察官最好有基层工作的经历和经验，这样才能更好地发挥指导和监督管理作用。另外，虽然省级院具体办理案件很少，一般都是在本省范围内有重大影响、疑难、复杂的案件以及最高人民检察院交办的案件。办理这些案件，对于检察官的办案素质和能力也是很大的考验和挑战，也需要检察官有更高的能力来应对。与之形成鲜明对比的是基层院，基层院主要的职能就是参与办案，是检察系统最主要的办案层级。而市级检察院则处于承上启下的位置，既要发挥对下级院的领导监督作用，同时又要按照审级制度具体参与办案。市级院和基层院虽然是主要的办案检察院，但是市级院受理刑事案件的量刑一般都是无期徒刑及以上，而县级市检察院受理的案件虽然数量很多，但是案情一般相对简单，定性相对清楚，量刑相对轻缓。因此，市级检察院受理案件的定性和量刑相对于县级检察院的案件更为重大和复杂，因此办案中，市级院检察官的办案能力、业务素质应该优于县级市，这样才能稳妥处理案件。由于我国四级检察院的职能定位各异，为优化上下级检察院的职权配置，为了使各级检察院的检察官能够适格行使检察职权以及胜任检察职权，应对不同层级检察院的检察官的任职资格区别对待，并且建立检察官逐级遴选制度。逐级遴选制度也是发达国家尤其是大陆法系国家法院遴选法官的普遍做法，也符合司法特性的本质要求。② 对于检察官的遴选也应如此。具体来说，作为省级检察院，应当适当放弃一些大力办理案件的具体工作，加强业务性指导和研究，全面地掌握地方检察工作中的困境，积极向最高人民检察院反馈，以便最高人民检察院能及时有效地制定适用全国的司法解释，促进法律的有效适用。③ 由于省级检察院提供的相关素材对于最高人民检察院制定规范性法律文件具有重要意义，而且省级检察官还要加强业务指导和研究，因此，省级检察院的检察官相对于下

---

① 张智辉主编：《检察权优化配置研究》，中国检察出版社 2014 年版，第 356 页。

② 刘义军、徐春成：《法官逐级遴选制度的构建》，载《理论探索》2014 年第 6 期。

③ 黄硕：《不同层级检察机关的功能定位和权限划分》，载《贵州大学学报（社会科学版）》2017 年第 4 期。

级院的检察官来说需要具备更深厚、广博的检察理论知识，理论功底要强。另外，因省级检察院也会办理少数案件，这些案件的办理对于指导下级检察院会产生重要影响。因此，省级检察院的检察官也应具备丰富的办案经验。由此可见，在遴选省级检察院的检察官时也应注重检察经验以及基层检察院工作的经历。而且检察官遴选应尊重逐级遴选的规律，因为逐级遴选有利于检察官实践理性的获得以及社会经验的积累，从而保证检察权运行的质量。当然在综合工作年限、年龄大小、所办案件的质量和数量等情况，在经过严格遴选后也可以考虑将基层检察院的司法人员破格遴选到省级检察院，只不过需要严格控制破格遴选时的资格。而对于基层检察院而言，基层检察院受理的案件相对简单明了，对于检察官理论功底的要求相较于省级检察官而言相对较小。但基层检察院面临"案多人少"的压力，而且案件处理结果直接影响民众，民众正是从这些发生在身边的案件感受公平正义是否得到实现。因此，基层检察院的检察官除具备相应理论知识外，办案经验显得尤为重要，丰富的办案经验可以防止年轻检察官因人生历练不足而导致偏离社会主流价值观念等行为的发生，从而保证检察权行使的质量可靠，同时获得民众支持和尊重，民众才能够在案件中感受到公平正义的存在。

　　检察官助理制度是检察官员额制度的附属措施。因此，本文在此一并考虑不同层级检察院的检察官助理的设置问题。先看法官助理的相关情况，有学者提出，基层法院的法官大都处理较为简单的案件，其工作大多是程序性和重复性的，即便千头万绪十分繁忙，也无须为其配备智力上的助手，而要考虑为其配备更多的事务性助手，如可配备两个或者两个以上书记员；而高级法院的法官需处理大量疑难、复杂的案件，需对很多法律问题进行研究，为其配备法官助理作为智力助手就显得十分必要了。[①] 该学者正是以不同层级法院职权的不同为依据，为不同层级法院的法官配置不同的助手。当然若不给基层法院的法官配置法官助理，而全部配置负责事务性工作的书记员，可能也存在一定的偏颇之处。毕竟基层法院是最主要的办案单元，绝大多数的案件都在基层法院处理，很多地方的基层法院存在"案多人少"的办案压力。法官助理可以帮助员额法院办理很多审判辅助事务，这样可以尽量提高员额法官的办案效率。当然，这个可以根据各个地方的实际情况斟酌设计。

---

① 刘斌：《从法官"离职"现象看法官员额制改革的制度逻辑》，载《法学》2015 年第 10 期。

可以考虑在不同层级的法院中配置不同的法官助理和法官的比例。比如最高人民法院曾在《法官助理管理办法（征求意见稿）》中规定，"基层人民法院的法官助理与法官的比例2∶1至1∶1；最高人民法院、高中级人民法院的法官助理与法官的比例可根据实际情况配备，最低不得低于3∶2"。[①]这也是考虑到不同层级法院及不同地域法院的不同而采取的灵活之策。法院的法官助理如此设置，那么检察院的情况也应如此，毕竟不同层级检察院的检察职权并不一致，在确定检察官助理和检察官的比例时也应尊重这些实际情况。另外还需注意的是，毕竟上级检察院处理的案件都是疑难、复杂的案件，而且上级检察院要发挥对下级检察院办案的指导监督作用，因此，在省级检察院及市级检察院，检察官助理的理论水平也应具备差不多的水准，这样才能更好地辅助检察官办案。

除了上述应该注意的之外，不同层级检察院在推行司法责任制改革时还应注意其他问题，比如在财政保障方面，因为从纵向看，基层检察院工作环境普遍不如市级检察院和省级检察院，而且基层检察院还承担着主要的检察办案任务，"案多人少"的办案压力最大。因此，应将利益向基层检察院倾斜，考虑到基层检察官职位低、待遇低的实际，在检察官员额配备上加大了基层比重，在工资待遇上适当向基层一线检察官倾斜，着力解决基层院留人难的问题，在中西部经济条件较差的基层检察院更应如此。

---

① 吴思远：《法官助理制度：经验教训与难题突破》，载《法律适用》2016年第9期。

第十一章 不同地域检察机关的司法责任制改革

受自然条件、资源禀赋、生产要素、创新能力以及民族、宗教、文化等诸多因素的影响，一个国家、一个区域在一定程度上都存在区域发展不平衡问题。区域发展不平衡主要体现在地区差距问题上，这是最核心的区域问题。我国这样一个幅员辽阔的国家，区域问题的特殊性在于：一是区域经济社会发展差距较大，二是落后地区的发展仍面临很多困难。[①] 因此，我国存在东部、中部、西部区域发展不平衡的问题。一个国家的法治也受到一国经济体制与经济发展水平、政治体制与政治发展水平、社会领域改革与社会发展水平、法学教育与法律文化等的深刻影响，因此，我国东部、中部、西部区域发展不平衡的问题也影响到我国东部、中部、西部区域法治发展。对于主权国家范围内的区域法治发展来说，它的一个鲜明特性就是具体性。国家法治发展是由一定的国家法律制度、法律体系及其法律实践、法律思想、法律心理所联结而成的运动之网。作为这面运动之网上的每一个区域法治的运动发展，都独具个性，并且这种个性不是仅仅具有相对意义的特殊性，而是一种不可绝对重复的个体。[②] 区域法治的发展呈现多样性的特征是因为区域法治发展所赖以存在的社会生活条件的历史差异，正是因为区域经济社会发展的不平衡，区域法治发展才展示出多样性的样态。而区域司法是区域法治的一个重要面向，区域法治发展呈现了多样性的样态，那么区域司法也演绎了多样化的表现。

为了解决区域发展不平衡的问题，我国采取了多项措施，其中缩小地区发展差距与实现基本公共服务均等化，是统筹区域发展的两项重要内容。缩

[①] 范恒山：《我国促进区域协调发展的理论与实践》，载《经济社会体制比较》2011 年第 6 期。

[②] 公丕祥：《区域法治发展的概念意义》，载《南京师范大学学报（社会科学版）》2014 年第 1 期。

小地区发展差距反映的是发展状况，体现的是富裕程度；实现基本公共服务均等化反映的是体制环境，体现的是幸福指数。地区发展差距的缩小，有利于推进基本公共服务均等化，却并不一定意味着实现了公共服务均等化。两者之间既相互关联，又存在差异。因此，必须把两者紧密结合起来，在实现促进欠发达地区发展的同时，采取有力措施，推进地区间的公共服务均等化。① 其中，法治发展情况是公共服务的重要表现，但是从现阶段来看，我国区域司法的发展是不平衡的。

一、不同地域检察机关司法资源不均衡的表现

（一）检察官素质方面的不均衡

在法制或司法统一的国家，按照统一配置、适时平衡等法官资源配置原则的要求，不同司法区域不应当有法官资源分布的较大差异。但是，我国各省、自治区、直辖市之间在法官资源的配置上却出现了较为明显的差异。受经济、交通、文化等因素的影响，直辖市、沿海经济发达省份的法官资源结构相对较为合理，法官资源不仅在数量上较为丰富，而且地方三级法院之间的法官资源也不存在明显的优劣。尤其是像北京、上海这样的现代化大城市，基层法院、中级法院和高级法院的法官队伍的素质结构接近同质化，基层法院的法官中具有博士学位的早已不是什么稀罕事。相比之下，在我国广大的中西部地区，法官资源的结构存在着较为明显的城乡之间、层级之间的差异。一些身处基层一线的优秀法官难以安心工作，通常会想方设法"脱离基层"，基层法官队伍不稳定也就在所难免。② 横向比较，各地法院之间法官资源配置不均衡最集中地体现在基层法院之间，发达地区的基层法院不仅法官资源较为丰富，而且凭借其经济和区位优势，很容易稳定法官队伍和适时进行法官资源的新陈代谢。而西部地区，特别是老、少、边、穷地区，法官资源则相对很少，而且队伍不稳定，流入不足，流出严重。因此，不论是高级法院，还是中级法院和基层法院，经济发达地区的法官资源结构从数量到质量，整

---

① 范恒山：《我国促进区域协调发展的理论与实践》，载《经济社会体制比较》2011年第6期。

② 胡志斌：《基于分配正义理论的法官资源配置问题研究》，《海南大学学报（人文社会科学版）》2013年第1期。

体上都优于欠发达地区。①

由此可见，由于各种因素的综合影响，我国法官资源的配置存在较为明显的差异性和不平衡性。那么检察院的情况如何？答案也是不容乐观的，全面提高西部地区检察官素质的任务还很艰巨，检察官资源配置不均衡的情况也比较严重。在经济欠发达地区，由于检察院待遇不高、工作环境艰苦等原因，很难留住和吸引优秀的法律人才。根据相关数据统计，西部地区1100多个基层检察院中，三分之一的基层检察院没有全日制法律本科毕业生，而在检察院原有的人员中，从2002年司法考试改革开始到2006年的四年中，有800多个基层检察院没有人通过国家统一司法考试。在这两个问题背后影射的是基层检察系统内普遍存在的编制配置不合理问题、检察官准入制度不够健全，必然造成一线办案人员严重短缺。②西部地区检察院内虽然也有很多从业人员，但是西部地区人才短缺，主要表现为缺少具有过硬的业务能力、能够独立承担办案任务的高素质法律专业人才。由于西部地区条件艰苦，加之检察官门槛的提高，难以招录和留住高素质人才，西部地区检察官短缺与不均衡的问题较为严重。③比如以西部地区的贵州省为例，民族地区的检察官呈现如下特点：一是"检察官短缺"。检察官分布不平衡，个别民族地区检察院检察官短缺严重，检察官数量的增长速度远低于案件增长速度，"案多人少"的矛盾一直存在。二是"结构性断层"。检察工作需要一支结构合理、递次搭配的检察官队伍，但在贵州的少数民族聚居区，检察官"断层"问题较为严重，经过系统学习、专业训练的本科学历者偏少；高学历、高层次人才匮乏；老、中、青检察官搭配比例失调；办案一线检察官短缺情况较为突出；特殊人才短缺，尤以双语人才短缺情况较为突出。三是"人员外流"成为普遍面临的一个问题。④西部地区在全国政治、经济发展中总体处于落后地位，相应地，人才流失严重，人员素质和人才培养也较东南部地区落后，特别是专业人才缺乏，这些因素导致西部检察队伍要实现职业化、专业化、精英化之

---

① 胡志斌：《基于分配正义理论的法官资源配置问题研究》，载《海南大学学报（人文社会科学版）》2013年第1期。

② 汪习根、汪沛：《我国高校法学专业毕业生就业对策研究》，载《武汉大学学报（哲学社会科学版）》2011年第1期。

③ 朱景文：《中国法律发展报告（2012）》，中国人民大学出版社2013年版，第153页。

④ 舒华：《贵州民族地区检察官职业化问题研究》，载《贵阳市委党校学报》2012年第2期。

路任重道远。

（二）司法公开方面的不均衡

近年来，我国法院和检察院在司法公开方面作了大量工作，那么东中西不同的地域在司法公开方面有哪些差异呢？有数据表明，2015 年中国司法公开指数地图呈东高西低，中部地区法院居中下游。项目组将最高人民法院之外的 80 家地方法院按照排名分为四个梯队（每个梯队 20 家法院），并对东部、西部、中部和东北地区的法院在这四个梯队的分布情况进行了统计。其中近八成的东部法院分布在第一、第二梯队。西部法院超过四成在第四梯队，且排名后五位的法院均为西部法院，而中部地区法院居中下游。[①] 这是法院司法公开的相关情况，那么检察院的情况怎么样呢？中国社科院法学所法治指数创新工程项目组发布了一个报告，该报告对 81 家检察院的检务公开情况进行了实证调研，这些检察院包括最高人民检察院和 31 个省级检察院以及《立法法》修改前的 49 个较大的市的检察院。蓝皮书收录的《中国检务透明度指数报告（2016）》披露，检务透明度评估排名前五的依次为：江苏省人民检察院、最高人民检察院、深圳市人民检察院、安徽省人民检察院和湖南省人民检察院。[②] 而这些检察院基本上都是东部和中部的检察院，西部地区的检察院排名靠后。虽然，综合近五年测评结果发现，检务公开并非与经济社会发展完全呈正相关关系。事实上，一些经济社会欠发达地区的检察机关，无论总体还是特定领域的表现，都不无可圈可点之处。比如，省级检察院同时公开 2015 年、2016 两年"三公"经费情况的，有 20 个省级检察院和 15 个较大的市的检察院，分别占比 64.52% 和 30.61%。其中既有无锡、深圳这样的发达地区检察院，也有青海、贵阳这样的中西部地区检察院。但是检务公开与经济社会发展状况还是有相关关系的，毕竟西部地区基层法院经费不足，西部地区在数字法庭建设、网络技术公开、网络化管理等方面投资相对不足，有些方面的司法公开显得力不从心。

（三）高等法学教育发展方面的不均衡

我国高等法学教育发展不平衡主要体现在地区的不平衡上，我国普通本科高校主要集中于华东（占 34%）、华北（占 18%）和中南（占 19%）地区，

---

① 李林、田禾主编：《中国法治发展报告》，社会科学文献出版社 2016 年版，第 230 页。

② 万静：《〈法治蓝皮书（2017）〉发布透明度指数》，载《法制日报》2017 年 3 月 21 日。

法律专业本科毕业生也主要集中在这三个地区，分别占 35%、17% 和 18%。按照高等学校法学本科毕业生的数量排名，前五位的省份是广东、北京、山东、河南和上海，占毕业生总量的 31.3%，后五位的省份是青海、西藏、宁夏、海南和新疆，占毕业生总量的 2.7%。另根据国务院统计，2011 年我国法学专业本科毕业生到华北地区就业的占 18.06%，东北占 7.91%，华东占 22.09%，中南占 25.41%，西南占 16.84%，西北占 9.69%。全国法学毕业生的地区流向是：东部和沿海发达地区 55%，中西部中等发达地区 37%，东部和沿海中等发达地区 6%，中西部不发达地区 2%。[①] 由于法学普通本科毕业生主要集中于我国东部和中部地区，西部地区生源较少，而这些法学普通本科毕业生毕业后一般选择自己的家乡就业或者东部发达地区就业，到西部地区特别是边疆少数民族地区就业的毕业生比较少，这样大量经过正规、系统法学教育的毕业生流向我国的东部发达地区，而中西部地区则成为流出地。这导致我国西部地区，特别是边疆少数民族地区的法律队伍后继乏力，队伍不稳定，而且面临段层的危险。

（四）法律职业发展方面的不均衡

2011 年我国已经形成一支拥有 19.5 万名法官，15.1 万名检察官，21.5 万名律师和 1.2 万名公证员的法律职业队伍。我国律师数量和业务收入的分布是极其不平衡。按照律师数量计算，排名前五位的分别为北京、广东、山东、上海、江苏，最少的 5 省份是西藏、青海、海南、宁夏和甘肃。从每 10 万人口律师计算，按律师业务收入计算，排名前五位的基本都是北京、上海、广东、江苏等东部发达省份，而排名后五位的基本都是西藏、青海、甘肃等西部欠发达省份。[②] 因此，我国的律师基本都集中于东部发达地区，律师的主要法律业务也聚集于东部发达地区，而西部地区的律师数量很少，业务量所占比重更小。律师的数量和业务是一个国家法制化程度的重要标志，也是衡量一个国家各个地区法治发达程度的重要标志。

（五）财政保障方面的不均衡

目前我国正在进行省以下人财物统管改革，省以下司法机关的人财物实行统管模式，然而在省级统管改革之前，我国司法机关的经费保障采取的是

---

① 朱景文：《中国法律发展报告（2013）》，中国人民大学出版社 2014 年版，第 8~9 页。

② 朱景文：《中国法律发展报告（2012）》，中国人民大学出版社 2013 年版，第 11~14 页。

同级财政保障的财政体制。根据相关实证研究，2009 年全国法院的经费来源划分中，17.06% 由中央财政补助，5.83% 由省级财政配套，合计 22.89%。[①] 可见，在原先的财政体制之下，同级财政在全国法院的经费中所占的比重最大，全国法院的财政依赖地方财政，由此也导致了法院财政地方化的问题以及由此产生的司法地方化的问题。而我国是多民族国家，各族人民组成有机统一体，社会的发展需要少数民族的大力支持，特别是改革开放以来，我国经济社会取得了长足发展，综合国力实现大幅提升，人民群众的生活水平也有了较大改善，但是从发展的实际来看，东部、西部和中部发展存在较大差距，尤其是西部、中部的少数民族地区发展更为滞缓，因历史、社会、自然等多个方面的因素，经济发展水平较为落后，根据公布的数据显示，其人均国内生产总值为全国平均水平的三分之二，低于东部地区发展平均水平40%。[②] 由此可见，我国东部、中部和西部地区的经济发展水平呈现出较大的差异，这也导致不同区域的财政出现较大的不平衡，最终导致司法财政的不平衡。因此，中国基层法院的财政机制还具有区域差异性特点，这是基层法院财政地方化的必然延伸，这种区域差异性不仅表现在全国范围内东部与西部之间、省与省之间的差异明显——东部地区法院比西部地区法院的司法经费充裕、经济发达省份法院比不发达省份法院的司法经费丰厚，也表现为在一省内部，不同县之间的差异。造成这种差异的原因既有不同地区案件负担、法院规模、工资收入水平和对法院工作认识理念等因素的影响，也有基层法院所在地经济发展水平和地方财政能力的差异。[③] 这是法院经费的情况，检察院的经费情况跟法院如出一辙，具体来说，检察机关的公用经费总体不足，而且不同地区的差距更是明显，最高人民检察院之前做过课题调研发现，财政状况较差的地区，财政拨款仅能保证工资，即所谓"吃饭财政"的情况更为典型。2010 年 2 月，全国检察经费保障工作会议在北京召开，会上提出"分类负担"的保障体制，主要体现在中西部市县级检察院办案（业务）经

① 曹炜：《"中央管饱、地方管好"：中央事权语境下的司法支出责任分级负担模式重述》，载 http://bj3zy.chinacourt.org/article/detail/2018/04/id/3260985.shtml，最后访问日期：2020 年 11 月 16 日。

② 张丽艳：《协同治理下的少数民族地区区域司法的构建》，载《贵州民族研究》2015 年第 10 期。

③ 左卫民：《中国基层法院财政制度实证研究》，载《中国法学》2015 年第 1 期。

费、业务装备经费和业务基础设施建设经费的保障责任，由市县级财政承担改为由中央、省级和同级财政共同承担，这样基层检察院的公用经费保障情况逐年好转，但是经费保障情况还是出现地区间的不平衡，由于地区经济发展不平衡和各个检察机关辖区实际情况的差别，检察机关的经费保障情况呈现地区、辖区差异特征。① 这是我国开展省以下人财物统管改革之前司法经费的相关情况，省以下人财物统管模式逐渐推开之后，这种经费不平衡的情况是否有巨大改革呢？省级统管地方法院的财政意味着省级财政必须增加对司法经费的投入，最为理想的方案是由省级财政新增、单列法院预算，按照需求，在全省范围统一分配中、基层法院的财政经费，然而这对于财力本身就捉襟见肘的不少省级财政而言无疑是一个巨大的负担。另外，我国面前正在开展的仅仅是省以下人财物的统管，即在一个省的范围内司法机关的人财物由省级部门统管，而不是全国范围内司法机关人财物的统管。而我国不同省份之间的经济社会发展本身就存在不平衡问题，因此即便财务省以下人财物统管模式改革，那么司法机关财政不平衡的情况在一省范围内可能会有所好转，但是在全国范围内应该不会有太大改观。

二、不同地域检察机关司法责任制改革的不同

一个地域的司法与该地域的政治、经济、文化、习惯、风俗等密不可分。作为一个幅员辽阔的泱泱大国，各地各区域的司法资源品质、制度环境条件、人文意识观念具有极大的不均衡性，一个区域有效的司法制度安排在另一区域未必有效，所以，直接由中央统一划定、推行某种未经检验的司法改革方案将面临巨大的政治与社会风险。② 因此，各地在推进司法责任制改革的进程中应该注意因地制宜、因时制宜，各地的改革措施应该在尊重一般性和规律性的同时照顾到各地的差异性和特殊性，从而使得改革举措具有针对性和适应性，最终取得更好的改革成效。因此，各地检察院司法责任制改革的举措应该尊重各地的实际，实行差异化的改革，具体来说：

（一）明晰检察官职责权限方面

前文已述，按照目前我国法律的规定，检察长是检察院唯一拥有完整检

---

① 朱景文：《中国法律发展报告（2012）》，中国人民大学出版社 2013 年版，第 182~186 页。

② 栗峥：《司法改革的困境及其克服》，载《云南社会科学》2015 年第 2 期。

察权的主体，现在检察官所行使的办案决定权是检察长授予的。检察长授权力度的大小决定检察官享有的办案决定权的多少。而影响检察长放权的一个重要因素是办案检察官的素质问题。因为之前三级审批制存在的一个重要考量因素就是当时检察官质量参差不齐，专业素养、办案能力、职业操守等各个方面不能满足独立办案需要，需要发挥集体智慧以保证办案质量，防止检察官违法滥权。而现在构建高效权威的检察权运行机制以及落实司法责任追究的前提是拥有一支足以胜任检察工作的高素质的检察队伍。所以各地才会先行试点及推开员额制改革，目的就是打造一支专业化、精英化的检察官队伍。虽然各地已经推开员额制改革，而且员额制改革是司法改革四项举措中开展最顺利、取得最大成效的改革，但各地遴选出的检察官在素质能力、品德操守等方面还是存在差异。为了保证办案质量，加强对办案检察官的监督制约，各地在授权方面应该尊重检察官素质的现实情况，同时还要考虑各地监督制约体系的完备程度，在综合考量的基础上，确定授权力度的大小。因此在授权给检察官时也应考虑不同地域检察官素质的差异。如前所述，总的来看，东部地区检察官的法学基础知识相对扎实，学历相对较高，专业素质和业务能力相对较强，东部地区检察官的整体素质相对较好，而中西部地区，特别是西部边远民族地区的检察官的素质则相对较弱。从公正的角度来讲，为了更好地保障办案质量，实现让民众在每一个案件中感受到公平正义的目标，结合东中西部地区检察官的整体素质和能力，在东部地区的检察院可以对检察官高度放权，将法律没有明文规定由检察长、检察委员会或者上级检察机关行使的检察权全部放权给检察官。而对于中西部地区的检察院而言，则要慎重许多，结合辖区内检察官素质的真实情况，或者将检察官行使的职权中的大部放权给检察官或者将其中部分权力放权给检察官。这样做既尊重检察官的办案主体地位又保障了办案质量，同时还兼顾了各地区检察官的实际情况。从效率上讲也是如此，对于东部地区的检察院而言，"案多人少"的办案压力如影随形，而中西部地区检察官的办案压力则相对较小。为了提高办案效率，也可以对东部地区检察官高度放权，实行扁平化管理，突出检察官的办案主体地位，从而快速处理案件，提高办案效率，这对于东部地区而言是非常迫切的需要。而对于中西部地区而言，提高办案效率的要求则相对轻缓。从效率的角度而言，也应支持对东部地区检察官高度放权，对中西部地区检察官中度放权。另外，对于检委会办理案件的限度也是如此，虽然检委会总体的改革方向是尽量少讨论具体案件，多研究一般性的问题。但是在东中西部不同的地区，检委会讨论案件的范围也不尽一致，西部地区特别是西部边疆民族地区的检委会还应在案件的处理决定中发挥相应的作用。

（二）对检察官的监督制约方面

为了在突出检察官办案主体地位的同时保障检察官的办案质量，必须坚持放权不放任、监督不代替。从国内外的经验看，对检察官的监督制约应坚持内部制约和外部制约相结合。检察权内部监督的核心问题在于理顺并平衡检察一体与检察官独立之间的关系，外部监督制约包括人民监督员监督、人大监督、政协监督、司法公开、律师监督等。

本文认为，结合东部中部西部的区域间的差异，在监督制约方面，对中西部地区检察官的监督制约应该重于对东部检察官的监督制约。另外，在中西部地区，特别是边疆民族地区更应该发挥检察官内部制约的作用。具体来说：

第一，对中西部地区检察官的监督制约应该重于对东部检察官的监督制约。前文已述，东部地区检察官的整体素质和能力要强于中西部地区的检察官。因此在放权的同时，为了保障案件质量，实现公平正义，就需要加强对中西部地区检察官的监督制约。另外从检察实践看，检察长放权的力度大小不仅与检察官整体素质高低有关，而且与是否具备完善的监督制度具有密切关系。只有建立了权责明晰、办案尺度统一、完善的信息化监督体系，才能确保检察官"以至公无私之心，行正大光明之事"，实现检察权放权而不放任。[1] 然而，由于经济、社会发展程度不同，东部地区信息化程度较高，办公软件更新速度快，较好地适应了信息化监督的需要。然而在有些中西部地区，一是案件流程管理系统、审判节点管理系统、法官工作的绩效分析等信息化程度较低，制约了审判管理和审判监督的有效运行。二是干警对信息化技术掌握不熟练，还有相当一部分干警不会使用办案、办公系统。三是现有信息平台不能满足审判工作和办公需要，急需更新和开发适应司法规律和审判工作的应用软件。[2] 因此，在中西部地区信息化监督体系相对较弱的情况下，

---

① 邓思清：《检察官权力清单制度初探》，载《检察官学院学报》2016 年第 6 期。

② 杨朝衾：《关于西部地区基层法院司法体制改革试点工作的阶段性调研报告》，载《贵州法学》2014 年第 8 期。

在中西部地区检察官整体素质相对较低的背景下，对中西部地区检察官加强监督制约也是情理之中。

第二，在中西部地区，特别是边疆民族地区更应该发挥检察官内部制约的作用。过多制约会带来司法成本高昂的问题，如果将权力制约作为一个动态平衡的系统，外部制约的强化，意味着可以适当弱化内部制约，部分甚至可能走向消亡。① 同理，若是外部制约的弱化也意味着应该强化内部监督制约的作用。而在中西部地区，检察官的外部制约则相对东部地区较弱。具体来说：

首先，2016 年我国大力推行以审判为中心的诉讼制度改革，强调审判阶段在整个诉讼阶段中的中心地位，突出审判程序对审前程序的制约、审查作用。该制度的推行虽然可以加强审判阶段对检察官办案的监督制约作用，但是以审判为中心的诉讼制度改革并不是一蹴而就的，而是一个渐进的过程。另外，在中西部地区，法官的整体素质也相对低于东部地区的法官，因此，同样是以审判为中心的诉讼制度改革，东部地区法官对检察官的监督制约作用应该要大于中西部地区。

其次，近年来，虽然我国辩护权的保障力度加大，但我国律师数量和业务收入的分布是极其不平衡，东部发达地区和中西部地区的差异较大。东部地区的律师无论在律师数量、业务收入还是业务能力等方面都比中西部地区的律师强。截至 2014 年，全国还存在 38 个无律师县，但多集中在西部。因此，在很多案件中，西部地区很多当事人都享受不到律师服务或者只能是水平相对较低的律师服务，在这样的案件中，没有律师的辩护或者水平很低的律师辩护对于保障当事人的合法权益，对于制约检察权的行使而言非常不利。而东部地区经济水平较高，民众收入相对较好，律师的数量及律师的业务素质、办案能力相对较强。因此，东部地区案件的当事人可以享有较优质的律师服务，在检察权行使的过程中，律师可以更大限度地发挥对检察权的制约作用。

最后，就检务公开来说，前文已述，司法公开信息化的运用，在不同级别的法院和不同地区法院的差距还是客观存在的，特别是很多西部边远地区

---

① 左卫民、谢小剑：《检察院内部权力结构转型：问题与方向》，载《现代法学》2016 年第 6 期。

法院，在利用网络技术公开信息方面还存在一定的差距，局域网和门户网站的建设栏目简单，内容量也偏少，还需要给予更多的指导和帮助。加大对中西部地区基层法院在基础设施建设的支持力度，给予政策、物资保障、技术支持等各方面倾斜和帮助。[①] 不仅法院如此，西部地区基层检察院经费不足，巧妇难为无米之炊，司法公开也力不从心。然而东部地区检察院因经济相对发达，财力相对丰厚，能够为司法公开提供物质支撑和技术保障，因此东部地区检察院的司法公开工作做得要好很多。而司法公开也是民众参与司法管理，监督司法权运作的重要方式和渠道。因此在司法公开方面，东部地区检察院受到民众的监督制约更大。另外，由于西部地区经济社会发展相对落后，所以民众的法治意识、法治观念相对较淡，很多边疆少数民族地区的民众可能会更习惯于接受原先的风俗习惯等，因此西部地区的检察官在办案过程中可能还担负着普法的重要任务，这时基本上谈不上民众对检察权的监督制约问题。而东部地区由于经济社会发展较为迅速，民众的知识水平、法治意识、法治观念相对较强，因此在办案过程中可以对检察官行使检察权起到一定的监督制约的效果。

综上三点来看，东部地区检察权运行受到的外部制约相对于中西部地区检察权运行所受到的外部制约要强。从监督制约是一个动态平衡的系统的角度来看，在外部制约较强的情况下，内部的监督制约可以相对弱化。也即东部地区检察权运行所受到的外部制约较强，那么东部地区检察权运行所受到的内部制约可以弱些，而西部地区则正好相反，因西部地区检察权运行所受到的外部制约监督较弱，所以在一定程度上，在实行司法责任制改革后，对西部地区检察权运行的内部监督制约应该加强。

（三）员额制改革方面

东部地区和西部地区在员额制问题上面临的问题不同。东部地区原先拥有办案权限的检察官相对较多，办案检察官的素质也相对较高，因此，按照39％的最高限度遴选员额制检察官后，原先拥有办案权限的一部分检察官现在不具备独立地办案权限了，也丧失了检察官的名誉和相应的待遇。因此，要特别注意遴选标准的客观性、科学性、公平性，以及领导干部入额的问题，以保障员额制检察官遴选的顺利进行。另外，需要关注的是，原先拥有办案

---

① 朱宁宁：《加大对西部基层法院司法公开支持力度》，载《法制日报》2016 年 11 月 8 日。

权限，这次却未入额的检察官的妥善安置工作，防止检察官的流失。另外，还需重点解决的问题就是"案多人少"的问题，如何提高办案效率。而西部地区则可能并不相同，有些地方检察院内原先拥有办案权限的检察官可能并不多，因此实行员额制后，对于西部地区有些检察院可能影响并不大。相反，西部地区在员额制方面存在的更大问题可能是检察官外流严重，检察官数量不足，检察官面临段层问。一些民族地区司法机关面临"四高四低"制约干警发展的困局。所谓四高，即职业要求高、职业风险高、工作负荷高、心理压力高；四低，即经济收入低、政治待遇低、社会地位低、身份保障低。[①]因此，对于不同区域的问题应该区别对待。

第一，虽然从全国层面而言，中央划定了 39% 的检察官的员额，但是在一个省内，应该根据各地的案件数量多寡、案件难易程度、人口数量等等因素，在省内统筹使用 39% 的检察官员额。另外，本文认为，也应在全国范围内尊重各地案件数量多寡、案件难易程度、人口数量等因素的不同，对检察官员额的比例作出相应的调整，这样可能更能符合各地的实际，以增强员额制比例的科学性和适用性。

第二，如何培养西部地区，特别是西部边疆民族地区的检察官是一个重要问题。国家对西部基层法律人才培养目标的基本定位有三层含义：一是"下得去"，即培养出来的西部基层法律人才能够服务好西部基层地区。二是"用得上"，要求法学毕业生要有良好的实践能力，能够处理西部地区复杂的民族矛盾、宗教矛盾、群众矛盾。三是"留得住"，使得西部地区能够为法学毕业生提供施展拳脚的平台。[②] 以后应该采取相应措施，使得上述目标能够实现。如对于西部地区检察官的经济待遇问题，可以通过加大中央财政转移支付的力度的方式来缓解，将农村地区、边疆民族地区等欠发达地区检察院的检察官工资纳入中央财政统一预算和拨付，并且在同等条件下，基层检察院的工资应比市级检察院和省级检察院要高，特别是在农村地区和民族边疆地区更应如此，以增强西部地区检察官的吸引力。如有的学者提出，为体现职业贡献、职业压力和职业回报相一致的职业规律，在核定法官薪水时，规

---

① 王允武：《法治人才培养机制创新与法学教育协同推进》，载《西南民族大学学报（人文社会科学版）》2016 年第 1 期。

② 冉翠：《目标与路径：西部基层法律人才培养云南调研》，载《教育与教学研究》2014 年第 9 期。

定同等条件下，城市基层法院法官高于中级以上法院法官 10%，农村地区基层法院法官高于中级以上法院法官 15%，以此稳定基层法院特别是欠发达地区基层法院的法官队伍。[①] 如从国家区域协调发展战略的高度，应当建立法官资源配置的区域协调制度，具体可以由最高人民法院牵头，通过经济发达地区与欠发达地区司法区域协作，开展以法官交流任职为主题的司法"帮扶"活动。除不同区域的中级法院、高级法院互派法官挂职、考察交流外，最重要的是实行两类地区基层法院法官资源的交流共享。具体而言，在全国范围内，可以由最高人民法院组织协调，实行东西部地区之间或发达地区与欠发达地区之间的区域司法协作，将经济落后地区的基层法院法官在不改变人事关系的前提下，轮流配置到经济发达地区的基层法院，学习这些基层法院先进的审判技能。同时，还可以将经济发达地区的优秀法官在给予物质和精神奖励的条件下，选排到经济落后地区的基层法院挂职，将先进的司法经验或技术移植到落后地区。[②] 对于检察院而言也是如此，也可以通过开展东中西司法区域协作的方式，由最高人民检察院牵头，将西部落后地区检察院的检察官轮流配置到东部地区学习交流，同时也可以将东部地区的检察官选派到西部进行挂职锻炼，实现东部地区和西部地区检察官资源之间的交流共享。在上岗培训中，对中西部欠发达地区的检察官，要注重法学基础和前沿知识的培训，在重点安排培训法学前沿知识的同时，安排一些与认定和侦查新型犯罪相关的学科知识的培训，适度增强检察技能的培训。同时要随着西部地区检察官素能结构的变化，逐渐完善培训课程，使其逐渐与发达地区检察官的培训内容趋同。[③]

另外，检察官助理制度是检察官员额制度的延伸和附属。检察官助理制度也可以根据各地的情况因地制宜。在财政状况、地理位置、法官素质等方面，各地法院之间差异悬殊，由此也决定了各地法院所能招聘到的法官助理，在素质与能力等方面必定高低不一、大小不等。[④] 检察院所能招聘到的检察

---

① 胡志斌：《基于分配正义理论的法官资源配置问题研究》，载《海南大学学报（人文社会科学版）》2013 年第 1 期。

② 胡志斌：《基于分配正义理论的法官资源配置问题研究》，载《海南大学学报（人文社会科学版）》2013 年第 1 期。

③ 向泽选：《检察工作科学发展战略思考》，载《国家检察官学院学报》2011 年第 5 期。

④ 刘练军：《法官助理制度的法理分析》，载《法律科学》2017 年第 4 期。

官助理在素质、能力等方面也是高低不一、大小不等，加上我国东西部地区的检察官队伍素质也存在明显的差异，东西部地区检察院所受理的案件数量更是相差悬殊，因此，检察官助理的权限范围也应体现出这种差异和区别。目前，我国检察官助理的权限范围比较大，最高人民检察院《若干意见》中规定：检察官助理在检察官的指导下履行以下职责：（1）讯问犯罪嫌疑人、被告人，询问证人和其他诉讼参与人；（2）接待律师及案件相关人员；（3）现场勘验、检查，实施搜查，实施查封、扣押物证、书证；（4）收集、调取、核实证据；（5）草拟案件审查报告，草拟法律文书；（6）协助检察官出席法庭；（7）完成检察官交办的其他办案事项。在东部地区检察官助理的素质相对较高，因此东部地区检察官助理可以享有草拟法律文书、询问犯罪嫌疑人等权力，权力范围可以扩大。但是西部地区的检察官整体素质相对弱一些，因此草拟法律文书、草拟案件审查报告等对检察官助理的要求相对较高的事项，检察官可以亲力亲为。检察官助理虽然全程参与办案，但是对于强调司法亲历性的职权，检察官必须亲自办理，检察官助理的参与不能代替检察官的亲历。检察官助理只享有案件办理的具体事务承办权，而不享有决定权，另外，检察官助理的具体承办权如何行使，受制于检察官的指挥与领导。因此，在西部地区检察官助理的整体素质相对较弱的情况下，检察官可以承担更多的事务。或者在检察官助理具体承办案件的过程中给予更多的指挥与指导。

以上，本书从六个维度和视角，从整体观察检察人员司法责任制。但在运用某一维度进行分析时，如何具体把握检察人员司法责任制的细节、揭示检察人员司法责任制的特殊性并使得相关研究符合现实情况值得注意，这也是难点所在。而且六个维度之间相互以对方为其存在的前提和依据，在六个维度共同建立起来的关系中才能确立各个维度自身的位置，牵一发动全身，这更增添研究难度。比如，制定检察人员的权力清单时，既要考虑到法院与检察院的不同，又要考虑不同层级检察院的不同，还需考虑不同业务部门的差异，又得注意不同地域检察院的区别，还要结合检察官的素质能力以及我国的具体国情；等等。因此，这六个维度之间不是彼此孤立、互相分割的关系，而是互相勾连、"一荣俱荣、一损俱损"的关系，六个维度之间应具有系统性、整体性和协调性。甚至在某些具体问题上，从不同的维度观察可能会得出完全相反的结论。那么，如何协调六个维度之间的关系，从而使得六个维度成为一个内在和谐的整体，最终系统性、整体性地观察和研究检察人员的司法责任制呢？若在同一个问题上，从不同维度的观察得出不同的结论时，如何协调不同维度的观察结论呢？总体的处理原则是使得本课题的研究既符合中国现实国情又尊重我国检察权的属性；对外与法院、监察委员会的改革相协调，对内实现"权责利"统一的目标。

后　记

本书来源于我的博士后工作报告。

本博士后工作报告题目确定得比较早，大概 2016 年 1 月即已敲定。2016 年 4 月，华东政法大学司法学研究院与吉林省检察院合作开展检察人员司法责任制改革课题的合作研究，我有幸作为课题组的成员参与到项目的研究中来，完成课题部分内容的写作。我后来陆续以检察人员司法责任制改革为大的主题申请了若干项目并获得中国博士后基金会的资助，其中在首届上海司法论坛、第二届上海司法论坛以及首届法治战略论坛等全国大型论坛中，我以检察人员司法责任制改革为研究内容的若干篇投稿论文也相继获得评奖。在这个过程中，大体框架基本成型。但在写作过程中，检察院在推行司法责任制改革的过程中不断面临新的形势和新的要求。在检察院外部表现为 2016 年国家重点推动了以审判为中心的诉讼制度改革以及 2017 年我国开始了监察体制改革的试点工作；在检察院内部表现为检察人员司法责任制改革实践不断深化和完善，各项改革措施不断得以完善补充或者调整改变，而 2017 年是司法体制改革的决战之年，检察人员司法责任制改革的大体框架已经基本形成，但制度设计中的特殊性、具体性、细节性的问题需要进一步补充、完善、调整。因此，检察人员司法责任制改革既要回应"以审判为中心的诉讼制度改革"提出的各项要求，又要思考监察体制改革是否会影响检察机关的宪法地位以及职权配置，检察人员司法责任制如何适时调整，同时，又要本着与时俱进的精神着眼于检察人员司法责任制改革中的具体制度设计中的细节性、具体性问题。从而在检察人员司法责任制改革面临的新形势、新要求下，聚焦检察人员司法责任制的新探索。在此基础上，本博士后工作报告最终完成。

感谢合作导师崔永东教授，本博士后工作报告从题目选定到篇章结构的形成到具体问题的研究探讨等方面，崔教授都予以悉心指导、深切关怀，从而使本博士后工作报告得以顺利完成。崔教授宽广的研究视野、深厚的研究功底、高尚的学术品德以及如沐春风的待人接物等都使我受益匪浅、获益良多。在两年师资博士后研究期间，崔教授除却注重提点我的学业、精深我的学问外，还注重培养我在行政管理等各个方面的能力，在此过程中，获得提升的不仅是我的学术能力，我的交际能力、沟通能力、理解能力、执行能力、应变能力、协调能力等都得到长足发展，从而使我得以在走出校园后快速适应社会生活。

感谢参加我的博士后答辩的李光春教授和叶慧娟教授，答辩专家组的意见和建议使博士后报告得以不断优化和完善。

感谢在华东政法大学工作期间认识的同事兼朋友樊玉成、李振勇、胡萌、党东升、孙煜华、周海源、黄娟等各位老师，亦师亦友的情谊弥足珍贵。

感谢华东政法大学为我们的科研、工作、学习和生活提供的各项条件和便利。

作者

2020 年 11 月